# 北京航空航天大学
# 工程训练中心简史

齐海涛　李志珑　钱　政　主编

北京航空航天大学出版社

# 内 容 简 介

本书主要介绍北京航空航天大学工程训练中心各个时期的发展情况,主要从教学发展、机构改革、队伍建设、软硬件升级等各方面进行了阐述。

全书共 5 章 16 节,包括北京航空航天大学工程训练概述、中心的起源及艰难发展阶段、独立发展阶段、全面综合改革探索阶段、党建及工会工作发展情况。书中以文字和图片纪实展示了各个时期实训车间、学生作品等的情况,翔实记录了工程训练中心近 70 年的变迁。

**图书在版编目(CIP)数据**

北京航空航天大学工程训练中心简史 / 齐海涛,李志珑,钱政主编. -- 北京 : 北京航空航天大学出版社,2022.10(2024.4 重印)

ISBN 978 - 7 - 5124 - 3900 - 9

Ⅰ. ①北… Ⅱ. ①齐… ②李… ③钱… Ⅲ. ①北京航空航天大学－校史 Ⅳ. ①G649.281

中国版本图书馆 CIP 数据核字(2022)第 177354 号

**北京航空航天大学工程训练中心简史**

齐海涛 李志珑 钱 政 主编

策划编辑 蔡 喆 责任编辑 赵延永

\*

北京航空航天大学出版社出版发行

北京市海淀区学院路 37 号(邮编 100191) http://www.buaapress.com.cn

发行部电话:(010)82317024 传真:(010)82328026

读者信箱:goodtextbook@126.com 邮购电话:(010)82316936

北京建宏印刷有限公司印装 各地书店经销

\*

开本:710×1 000 1/16 印张:10.75 字数:170 千字

2022 年 11 月第 1 版 2024 年 4 月第 2 次印刷

ISBN 978 - 7 - 5124 - 3900 - 9 定价:68.00 元

# 序　言

2022 年 10 月,北京航空航天大学将迎来建校 70 周年,七十载"空天报国",新时代逐梦一流,70 周年华诞必将在学校发展史上留下浓墨重彩的一笔。

工程训练中心(以下简称"工训中心")的创建可以追溯到建校伊始即开始筹备的实习工厂,经过 70 年的发展,已经成为学校人才培养体系中不可或缺的一环。值此 70 周年校庆之际,工训中心全体教工萌发了撰写《北京航空航天大学工程训练中心简史》的想法,旨在对过去的发展历史进行总结,对未来的发展方向进行思考。本书的撰写既可以向母校校庆献上独特的贺礼,也能够激励全体教工踔厉奋发,笃行不怠,为工程训练中心的跨越式发展奠定坚实基础。

作为新中国红色工程师的摇篮,北京航空航天大学创建之初便以培养综合型、研究型、技术型人才作为立校之本,重视学生工程实践能力的培养。进入新时代,国家高度重视高等工程教育的创新与改革。自 2010年起,在中共中央及国务院的领导下,教育部先后提出"支持学生参与科学研究,强化实践教学环节""促进工程教育改革和创新,全面提高我国工程教育人才培养质量""坚持立德树人,着力培养富有创新精神和实践能力的各类创新型、应用型、复合型优秀人才""深入实施大学生创新创业训练计划,努力使 50% 以上工科专业学生在校期间参与一项训练项目或赛事活动""普通高等学校重视生产劳动锻炼,积极参加实习实训、专业服务和创新创业活动"等一系列指导性要求,将工程教育思想、大国工匠精神贯彻落实到高校实践教学第一线。工训中心作为学校实习实践教育主阵地,在培养学生工程实践和创新能力方面发挥着日益重要的作用。

　　工训中心见证了学校对学生工程实践和创新能力培养的一贯重视，在发展过程中始终秉持"德才兼备、知行合一"的校训，坚决贯彻"艰苦朴素、勤奋好学、全面发展、勇于创新"的校风，大力弘扬"空天报国，敢为人先"的北航精神。全体教工努力奋斗、勇攀高峰，经过几代人的努力，逐渐形成了独特的办学风格和优良传统，坚定执行学校"厚植情怀、强化基础、突出实践、科教融通"的育人理念，努力创建"以工程教育为导向，劳动教育为辅助，本科教学为基础，创新实践为特色，综合发展为目标"的"北航工训新模式"。

　　回顾过去，工训中心取得的成绩令人欣喜；展望未来，在时代大背景下如何创新与发展将更加重要。希望工训中心能够不断总结发展经验，反思问题与不足，凝练发展理念，创新教学模式，加快建设成为国内领先的工程实践与创新教育中心。

北京航空航天大学副校长　吕卫锋

2022 年 9 月 5 日

# 前　言

北京航空航天大学工程训练中心（以下简称"工训中心"）起源于1952年学校投建的实习工厂，于1956年建成投入使用后成为学生实习的主要单位，后逐步成立金工教研室、教学中心等机构，吸纳学校电子实习基地、控制实习部等，形成了统一管理学生校内生产实习的基础教学平台。工程训练中心于1999年正式成立，成为学校工程实践教学最重要的基地，2017年并入北航学院，开启综合改革新纪元。

工训中心发展至今，由早期主要针对机械专业开设的"金工实习"，到今日涵盖工程认识、基础工程训练和综合创新训练等多个项目的综合性实践教学基地，见证了北京航空航天大学对学生工程实践和创新能力培养的一贯重视，记录了无数北航学子的第一次动手实践，引导他们探索书本之外的工程奥秘。经过几代人的努力，工训中心逐渐形成了自己独特的办学风格和优良传统。

工训中心一直处于国内高等院校工程实践与创新教学发展的前列，在教学理念发展、教师队伍建设、课程改革与建设、实践基地建设、教材建设、教学研究和大学生竞赛等方面取得了长足进展，已经发展为教学基础设施优良、教学管理到位、学生受益面广、示范和辐射作用强的综合性工程实践与创新教育中心。新时期工训中心明确定位——以工程教育为导向，劳动教育为辅助，本科教学为基础，创新实践为特色，综合发展为目标，提出"强创新、优实训、成体系；担劳育、抓竞赛、创金课；拓合作、全开放、促共享"的改革理念，继续为学校工程实践与创新教育贡献力量。

本书通过访谈并记录几代教职工的亲身经历，同时搜集、查阅、梳理近几十年来的档案文献和相关资料，总结历史发展经验。李鉴洋、李运华、王亮、曹庆华、马鹏举、范悦、张兴华、沈韧秋、李喜桥、王景和、杨开、陈博、李坚等退休老领导和老教师提供了翔实的素材，特别鸣谢佟杰老师提供了珍贵的校史素材。韩永鹏、袁媛、郝继峰、史成坤、孙英蛟、李烨、陈娇娇、赵雷、王虹霞、邱玉婷、孙治博、孟莹、刘雅静、殷辉等参与编撰。本书在编写过程中，得到了吕卫锋副校长的诸多指导和大力支持。在此，一并致谢！

限于作者的阅历、水平以及资料来源渠道，加之诸多变迁，本书的编写与梳理中如有疏漏和不妥之处，望读者海涵并盼指正。

编　者

2022 年 10 月

# 目　　录

# 1　北京航空航天大学工程训练概述

## 1.1　我国工程教育及工程实践教育的发展

　　我国"双一流"建设方案中提到要培养富有创新精神和实践能力的各类创新型、应用型、复合型优秀人才,加强创新实践教育,因而大力推进个性化培养是推动"双一流"建设的必要举措。工程训练是高等院校教育中培养学生自主学习能力、创新能力、实践能力和团队协作能力的综合实践教学环节,在人才培养中具有十分重要的地位。在我国高等工程教育人才培养体系中,工程训练已成为不可或缺的一部分。高校工程训练最早的表现形式是金工实习。作为基础工程实践教学的开展形式,金工实习教学目前仍是多数学校的工程实践课程内容。工程训练与金工实习,二者在教育理念、教学规模和专业覆盖面,以及训练内容和体系等方面既有广泛的内在联系,又有深刻的内涵变化。随着科学技术的发展,工程训练的内容也在不断地更新与进步,多学科领域的融合已成为工程训练的发展方向。

　　工程训练中心已成为工科类高校中教学规模最大、受众人数最多的实践教育基地,是本科生教育的最大实践课程教学平台,是培养学生自主学习能力、创新能力、实践能力、团队协作能力的实践教学环节。工程训练中心拥有丰富的工程实践教学资源,学生通过一系列的工程训练教学安排,学习各种制造工艺知识,掌握各种制造工艺方法,从而培养自身具有严谨的科学作风和较强的综合素质。与此同时,工程训练中心还给学生提供一系列独立设计、制作和综合训练的机会,为学生实现创意、走向工程架起了一座桥梁。作为工科高校里面向各专业实施工程素质教育和工程实践教学的大平台,工程训练中心符合中国人才培养大方向,改善了近年来存在的大学生培养质量不高的现状,适应未来中国工业技术和社会经济进一步快速发展的需要。

我国高校工程训练的发展经历了以下阶段。

第一阶段：1998年以前，传统金工实习向大工程背景下的工程训练转变的探索阶段。20世纪60年代，我国高等学校的工程类学生，除了有相应的实验教学外，一般还要在企业开展实践教学环节，以保证工程类学生工程能力和工程素养的培养。随着人们对工程教育的重视，高校成立了工程训练基地，满足学生的校内实践教学。20世纪90年代初，从英美工程教育界发出"教育回归工程""工程回归实践"和"关注工科大学生工程实践能力培养"的呼声在全球引起积极的响应。香港理工大学工业中心、东南大学工业发展与培训中心、南京航空航天大学工程技术培训中心和清华大学基础工业训练中心等，各从不同的角度和方面，率先探索校内综合性工程实践教学基地的建设，为后来的全国范围内工程训练中心的大发展提供了重要经验。

第二阶段：1998—2003年，综合性工程训练中心布点示范阶段。1998年初，教育部启动了世界银行贷款"高等教育发展"项目，空前地投入6 000万美元到26所高校进行本科实验教学中心的建设。在文理工医等科学课的110个建设项目中，包括了11个工程训练中心项目。清华大学、北京航空航天大学等11个高校的工程实践教学基地成为教育部工程训练中心建设的示范布点。

第三阶段：2004—2010年，全面快速发展阶段。2003年，教育部启动"高等学校教学质量和教学改革工程"，从国家、地方到各学校，对工程训练中心建设的重视程度和经费投入力度都有显著提高。在推动人才培养模式多样化、促进创新教育、推进教学内容更新和课程整合、加强实践训练环节等方面取得了显著成效。作为综合性工程实践教学新模式载体的工程训练中心的建设也由此进入了快速发展时期。全国547所理工科院校大多数都建立了工程训练中心。这些工程训练中心作为学校主要的工程实践实训基地，面向更多的理工科专业，并且大多数都成为所在高校内规模最大的校级实验教学中心。"十一五"规划期间，全国共评出国家级工程训练示范中心33个，省级工程训练示范中心100多个，以期发挥引领示范作用，带动全国工程训练教学的改革和实验室建设。各类教学成果奖、优秀教学团队、精品课程、教学名师的涌现，标志着以培养学生实践能力为主的工程训练实验教学已成为工程大类教学资源。工程训练中心已由过去不被重视的教学辅助地位走入重要的教学主流层面,这是中国高等工程教育发展进程中一个重要的历史性变化。

第四阶段:2011—2016 年,内涵建设和质量提升阶段。《国家中长期教育改革和发展规划纲要(2010—2020 年)》提出关于进一步加强新形势下高校实践育人工作的若干意见。2013 年,教育部、中国工程院联合印发《卓越工程师教育培养计划通用标准》,其中对本科工程型人才的培养提出了 11 条通用标准。工程训练中心已经不仅服务于课程教学,并已从工程实践教学迈入工程实践教育的大领域,成为高等工程教育的重要组成部分,进入高校人才培养模式的整体视野。工程训练中心是一个较大规模的教学组织,对于培养学生的动手实践能力和科技创新能力而言,拥有独特的硬件和软件资源优势。在许多建设优良的学校里,工程训练中心已成为大学生课外科技创新实践的主要训练和活动基地,也成为大学生完成发明创造和竞赛作品制作的第一场所。

第五阶段:2017 年至今,助推工程教育改革阶段。中国成为《华盛顿协议》的正式会员,我国将按照国际标准培养工程师,这将大大有利于提高我国工程训练教育质量,从而助推工程教育改革,提高工程技术人才的培养质量。经过多年的演变,工程训练拓展成为一种实践教育方式,其理念与国际工程教育体系在很大程度上是吻合的。2017 年 2 月以来,教育部积极推进新工科建设,先后形成了"复旦共识""天大行动"和"北京指南",构成了新工科建设的"三部曲",奏响了人才培养主旋律,开拓了工程教育改革新路径。先后发布了《关于开展新工科研究与实践的通知》《关于推荐新工科研究与实践项目的通知》,全力探索形成领跑全球工程教育的中国模式、中国经验,助力高等教育强国建设。

目前,工程训练教学已经成为我国高等工程实践教育的重要内容,在新工科实践教学领域起到无可替代的作用。已建成的 37 所国家级综合工程训练中心和成百上千所省、市、校级工程训练中心,以及一大批国家、省、市级教学成果、教研项目、精品课、教学团队的出现,巨大工程训练建设经费的投入,使工程训练不仅仅停留在一种教育观念上,它已形成巨大的工程实践教学实体支撑群。工程训练中心的发展目前已经延伸到文、理、工、医、艺术、管理等多个领域,成为众多高校工程实践教育的亮点之一。

# 1.2 北京航空航天大学工程训练时间演变

北京航空航天大学工程训练中心一直是北航校内最重要的工程实践教学基地。工程训练中心的稳步发展体现了北航对学生工程实践能力培养的一贯重视，以及对国内工程实践教学的示范引领作用。

1952年，北航第二次筹委会提出校组织机构草案时，即考虑学校应设实习工厂，规定工厂与系及教研室等组织同属院长领导。工厂作为学校首批基建单位，于1953年动工，1956年建成投入使用后成为学生劳动实习的主要单位。最初，工厂下设两个车间：一是生产实习车间，其冷加工有车、铣、刨、磨、钳，热加工有锻、铸、焊，另外还有木模工种，专门承担学生的生产实习任务；二是生产车间，其承担部分教学设备、试验件及科研生产任务的加工。1973年金工教研室成立。1989年工厂成立教学中心，统一管理学生的校内生产实习，同时还设立了技术开发室。1990年将金工教研室、实习车间与热加工教学车间统一由教学中心领导。

1986年，电子工程系在校内建立了生产实习基地，带领学生在学校内装配电子工业产品。1989年扩建实验室，成立电子实习基地，为全校工科专业开设了电子实习课程，由电子系教师负责教学工作。

1997年，机械厂的金工实习基地获批由北京市教委委托北京市高等教育学会金属工艺学研究会评选的"北京市高校定点实习基地"，解决了部分高校无实习资源的问题。

1999年北京航空航天大学工程训练中心正式成立，北航作为一所工程优势突出的研究型大学，以面向全校的基础性、典型性的工程训练为教学目标，以世界银行贷款"高等教育发展"项目建设为契机，学校整合校内机械厂的金属工艺教研室和金工实习、电子系的电子工艺实习和自动化系的控制实习四部分内容成立工程训练中心，并对其进行全面建设。

2007年工程训练中心正式批准成为教育部"国家级实验教学示范中心"建设单位。这一年，工程训练中心充分挖掘潜力，加大教学改革力度，加强教学规范，提高教学质量。

2009 年底北京航空航天大学沙河工程训练中心工程开工典礼在沙河校区举行,标志着沙河新校区工程训练中心的建设工作正式拉开了帷幕。2011 年北航沙河校区建筑面积 11 080 平方米的工程训练中心实验楼正式竣工,中心主体搬迁至沙河校区。同年,开始有计划地招聘博士研究生加入中心师资队伍,为后续改革和发展奠定了很好的人才基础。

2012 年工程训练中心将重点工作落实在对沙河校区进行繁重的设施完善和条件建设上,主要包括教学条件配套建设、基础设施完善、网络信息化建设、文化环境建设。年底"国家级实验教学示范中心"正式通过验收。2013 年开始,工程训练中心将工作重点落到教研教改工作以及教学条件建设上,取得不俗成绩的同时,大幅度改善了中心的教学环境、教学条件。

2017 年工程训练中心并入新成立的北航学院,次年完成了学院路校区综合创新基地搬迁至沙河校区的工作,至此北航工程训练中心开启了全新的历史篇章。北航工程训练中心历史发展节点如图 1 - 1 所示。

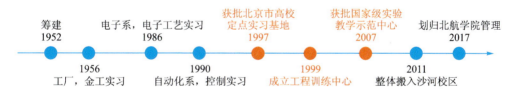

**图 1 - 1 北航工程训练中心历史发展节点**

2021 年在北京市以及学校的大力支持下,工程训练中心完成北斗、无人机、机器人、5G 和人工智能 5 个校企联合工程创新实验室的建设,并正式获批沙河高教园区"开放共享工程实践与创新基地",将大学生创新作为实践教学中的特色环节开展。

目前,北京航空航天大学工程训练中心(见图 1 - 2)共有教职工 56 人,其中在编 43 人,项目聘用人员 13 人。实习场地建筑面积 11 080 平方米,全部位于沙河校区,仪器设备 3 373 台(套),固定资产总值 4 293 万元,每天可容纳学生 600 余人,具备支撑工程能力训练和工程实践创新的一流实验教学环境。

图 1 - 2  北航沙河校区工程训练中心大楼

# 1.3  北京航空航天大学工程训练中心发展现状

## 1.3.1  教学体系

在学校"双一流"建设的思想指导下,工程训练中心承担培养学生工程素质、实践能力和创新潜质的奠基性和系统性教育的责任。以"立足机电控综合平台、面向工程实际、通过创新实践培养工程素质和能力"为教学理念,形成了面向全校各院系的"机、电、控"多学科交叉的基础工程训练平台,构建了基本工程认识、基础工程训练和综合创新训练三个层次的实践教学体系,如图 1 - 3 所示。注重在实践中深化理论知识的理解、注重在实践中强化工艺设计的思维、注重在实践中建立工程系统的观念、注重在实践中培养科学创新的能力。在北航人才培养目标实现中发挥重要作用,在全国高校中享有"组织严密,体系完整,内容丰富"的美名。

教学过程中,坚持"量大面广"、多层次和综合性教学;对部分学有余力学生开展研究型教学,卓越培养;通过竞赛形式激发学生的实践热情和团队协作精神。通过工程训练体系化实践教学,达成了学生对工程实践认识的从无到有、基

图 1-3　教学体系

本工程实践能力的从弱到强,实现了通过动手实践解决工程实际问题的基础能力的培养。通过工程训练环节的教学,学生的工程实践能力和工程素质明显提升。工程训练分阶段的教学内容覆盖机、电、控工科大类专业,实现了低起点(工程认识)和高终点(综合创新训练)的训练跨度,取得了突出的教学效果,成为全校学生基本工程素质教育的重要组成部分。

工程训练中心凝练教学理念,实现实习向工程训练的转变,将学习技术技能和转变学生思想作风为主体的训练模式转变为集知识、能力、素质和创新实践为一体的训练模式。凝练出"传授制造工程知识、培养工程实践能力、体验工程文化、进而培养创新思维和综合素质"的工程训练教学理念,进一步建设集工程训练、创新训练、工程文化素质训练于一体的教学体系。

## 1.3.2　特色课程

### 一、"机械工程技术训练"

#### 1．课程介绍

"机械工程技术训练"(又叫"制造技术实习")是一门面向全校本科生的实践

类工程基础必修课,在培养学生的工程实践能力方面占有重要地位。课程的历史可以追溯到1952年建校初期的"金工实习",课程于2008年获批北京市精品课程,2020年获批校级一流本科课程建设立项,2021年获批校级课程思政示范课,2022年获批校级精品劳育课和"北京高校优质本科课程"重点项目。机械工程技术训练是实践类工程基础课,在培养学生的工程实践能力方面占有重要地位。围绕北航"培养服务国家需求和引领时代发展的未来领军领导人才"的办学定位,结合航空航天大类专业"具有较强的工程实践能力"的培养目标,课程的目标是掌握工程材料主要成型方法和主要机械加工方法等基础知识(知识目标为主,能力目标为辅);初步掌握规定机床的操作技能,提高学生工程实践能力和工艺分析能力(能力目标);培养和锻炼劳动意识、强化学生遵守劳动纪律、遵守安全技术规则的自觉性,提高学生整体综合素质(素质目标)。

**2. 课程特色**

① 突破局限于传统金工实习的教学理念,将知识、能力、素质有机融合,构建兼顾"量大面广、人人动手"优良传统和"个性化教学"先进理念的多模块化教学体系;

② 以劳动为育人手段,通过在课程中开展劳动实践,不仅能让学生通过劳动实践切身感受到劳动的辛苦与不易,促使学生养成吃苦耐劳、自力更生的精神美德,而且能让学生直接在劳动实践中内化前期的知识,进一步提升其认识问题、分析问题和解决问题的能力,实现协同育人。

**3. 课程内容**

课程内容主要包括传统制造技术和先进制造技术两大模块。内容设计遵循"认知-体验-综合-创新"的主线,在教学改革中注重学生工程素养、创新思维和创新方法的训练,学生可通过头脑风暴开展创新设计,自主选材、制定加工工艺并进行加工实践。

课程内容充分体现"知识、能力、素质"的有机融合,致力于培养学生解决复杂问题的综合能力和高级思维,同时培养学生面对问题时的创新思维以及挑战能力。

课程组织以学生为中心,以分组形式开展实践教学,各项教学活动的具体实施由课程管理人员、理论教学老师和实践指导老师协作开展。课程建设与资源应用方面,力争做到在优化工程实训内容的基础上,逐步拓展课程"综合性、设计性、开放性和创新性"四大特色,解决传统实习"碎片化"的问题;优选航空航天典型事例,将空天报国、工匠精神、劳模精神与实践教学深度融合,将思政工作落实到工程实训当中;增加劳动价值、工程文化和工程伦理等训练内容,培养学生树立正确的劳动观念,建立"大工程观"的概念;采用信息化教学手段,融入线上教学,如数控加工虚拟仿真实验、MOOC资源,尝试进行线上线下混合式教学,创新工程实践教学模式。

目前的机械工程技术训练包含有车削、铣削、磨削、数控加工,以及钳工、铸造、焊接、压铸、注塑、锻冲、线切割、电火花加工、激光切割、表面处理、3D打印等十几个工种,教材采用《制造技术实习(第2版)》,教辅材料为《实习报告》。中心针对各工种建设有对应的实训室及实验室(见图1-4~图1-15)。

图1-4　数控实训室

图 1-5　基础制造实训车间(铣工)

图 1-6　基础制造实训车间(车工)

图 1-7　精密制造实训车间

图 1-8　材料成型与控制实训车间

图 1-9　现代制造实训车间

图 1-10　铸造实训室

图 1-11　激光切割实训室

图 1-12　钳工实训室

图 1-13　线切割实训室

图 1-14　焊接实训室

图 1-15　3D 打印实训室

### 4. 课程改革成效

榔头是较为主要、也是相对传统的机械工程技术训练的教学载体(作品),可串起磨削、车削、钳工。其他的教学载体针对工种间的关联度很少,使工艺方法认知和技能体验呈现碎片化实习,故迫切需要找到一种既能体现设计思维,又能将各个工种串在一起的产品。经过授课及多部门教师的联合深入研讨,中心历时一年开发出全新的教学载体"神舟"飞船模型(见图 1-16),可划分为不同的零件,每个零件在实现自身功能的前提下可以由学生在一定范围内自主设计,根据不同的专业和实习时间的长短提出不同的设计要求。其中各个零件可实现不同工种的体验:

- 底座:铣工;
- 支架:铸造;
- 推进舱:3D 打印;
- 返回舱:数控;
- 轨道舱:车工;
- 太阳能帆板:锻压;
- 徽标:激光、线切割;
- 整体组装:钳工。

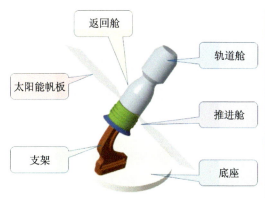

(a) "神舟"飞船三维模型分解图

(b) 新型教学载体——"神舟"飞船模型

图 1-16 "神舟"飞船模型图及实物图

学生实习作品如图 1-17、图 1-18 所示。

此外,中心教学团队多年来一直致力于不断丰富教学手段及创新教学载体。例如在铸造实训中,教师对铸造模具和铸造工具设计不断探索,提出用 3D 打印模具替代传统模具制造提高模具的可变性和多样性,设计制造出多种类平衡性好的模具及方便操作的铸造工具。如图 1-19 所示为学生 3D 打印作品。

图 1-17　学生数控实习作品
（"神舟"飞船模型底座）

图 1-18　学生铸造实习作品
（"神舟"飞船模型支架）

（a）宝塔

（b）笔筒

（c）冰墩墩

（d）齿轮

图 1-19　学生 3D 打印作品

总之,经过 70 年的不断实践和探索,课程改革成效如下:

① 课程以工程实践训练为基础,以国家级实验教学示范中心为依托,是培养学生工程文化素养、工程实践能力和创新能力不可或缺的实践类课程;

② 课程教学理念和教学目标有新的发展,由讲授式、技能型训练转变为探究式、综合工程能力训练,着重于工业产品设计及制造的项目式探索实践;

③ 课程注重教学研究、教材建设和基地建设。针对工程实践教学的普遍规律性及存在的问题立项研究,曾多次获得省部级教学成果奖,将教研成果应用到教学,使工程训练课程教学保持国内先进水平,并辐射国内多所高校。

图 1 - 20 所示为学生操作数控车床现场。

(a) HTC2050n全功能数控车　　　　　　(b) VMC850e加工中心

图 1 - 20　学生操作数控车床现场

## 二、"电子工程技术训练"

### 1. 课程介绍

"电子工程技术训练"是面向全校电类、非电类工科专业的校级公共实践课程。本课程面向的授课对象主要为北京航空航天大学高等理工学院、中法工程师学院、国际学院、自动化科学与电气工程学院、机械工程及自动化学院、宇航学院、仪器科学与光电工程学院、空间与环境学院、能源与动力工程学院、可靠性与系统工程学院等多个专业,年均受众学生人数约 1 500 人。以电子信息产品制造产业发展为背景,根据职业岗位的知识、能力和素质要求,基于"创新活动导向"的人才培养模式,实施"工学交替、创新发展"的教学模式,在生产实践中注重学生创新能力和实践技能培养。为培养提高学生实践应用能力、符合"新工科"人才培养方向,本课程创造性设计了一系列实验内容,通过讲课、训练、设计、制作、比赛等多种类型的教学方式,让学生初步掌握电子产品原型设计制造的流程和方法,通过实际操作充分了解电子产品设计制作的各个环节(见图 1 - 21)。同时,课程还创新性地引入新材料、新制作工艺的应用,并结合新能源、智能硬件等多个技术方向,为学生后期的创新创业项目实践等其他课程以及实际工作打下良好的基础。

图 1 - 21　电子工程技术训练上课现场

本课程在 1987 年获三机部教学成果一等奖,1993—1995 年期间获得北京市教学成果一等奖及西飞奖、成飞奖。2003 年本课程作为"电子电路"的重要组成部分获批北京市和国家级精品课程。2008 年被评为北京市精品课程。

**2. 课程特色**

本课程以电子产品设计与制造为基准目标,综合模拟电路、数字电路、电子、计算机等学科的理论知识以及新能源、功能材料、智能硬件等前沿科技方向,创造性设置一系列实验内容,培养学生"学科交叉融合"、运用所掌握的知识去解决现有问题,并具备学习新知识、新技术去解决未来发展中出现的问题的能力,进而对未来技术和产业起到引领作用。

课程以工程能力培养为主线,充分考虑不同专业学生的不同需求。由于专业特点不同,专业培养目标会有所差异;同时学生的个人能力和兴趣爱好也存在个体差异,这就要求在项目设置中充分考虑不同专业、不同个体需求等综合因素,通过必做项目、选做项目、拓展功能及课内课外相结合等方式,为学生打造灵活、自由的实训环境。以学生为本,注重个性化发展和个体差异,因材施教。

### 3. 课程内容

本课程以电子实训为主,在焊接、元器件装配及识别、电路原理图分析、电路设计、电路调试、基础电子测量仪器的原理及使用、规范完成技术报告等环节中以教师讲课、指导,学生动手操作交替进行的方式,使学生掌握电子工艺及其操作技能。图 1 - 22 所示为学生焊接作品展示,图 1 - 23 所示为传感器的实验过程展示。

(a) 便携式调频收音机

(b) 脉冲宽度调制稳压电源

**图 1 - 22　学生焊接作品展示**

课程具体内容如表 1 - 1 所列。

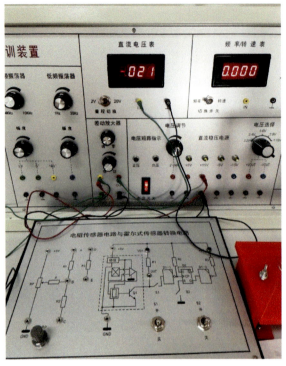

(a) 霍尔传感器应用实验

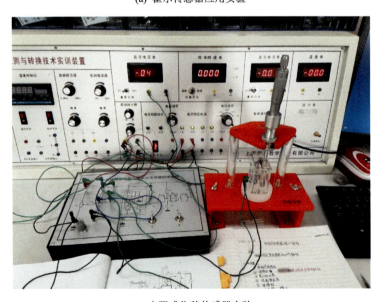

(b) 电阻式位移传感器实验

图 1－23　传感器实验过程

表 1-1　课程内容

| 序　号 | 教学内容 | 基本要求及重点和难点 | 学　时 | 教学方式 |
|---|---|---|---|---|
| 1 | 安全教育、实习内容及相关要求 | 安全、卫生及考勤,实习内容要求等;并在安全条例书上签字 | 1 | 讲授 |
| 2 | 焊接技术 | 熟练掌握通孔元件和表面贴装元件的焊接技术及电子电路的装配方法和规则 | 8 | 讲授操作 |
| 3 | 元器件知识及其检测、原理框图辨识 | 掌握常用元器件的性能、特点、检测及标注方法;了解各元件在电路中的作用;掌握原理图识别、原理图符号与实际元器件对应关系以及原理图与PCB图之间的对应关系 | 18 | 讲授操作 |
| 4 | 传感器知识及其应用案例讲解 | 掌握常用传感器原理和性能;掌握传感器转换平台的使用方法;掌握传感器在实际工程中的应用技能 | 10 | 讲授操作 |
| 5 | 电路调试(DC-DC直流变换器、FM收音机)及故障排除 | 掌握电子系统的一般调试方法及步骤;理解实习电路的设计思想,运用已经学过的基础知识分析解决调试中遇到的实际问题及故障,并养成边工作边记录的良好习惯 | 16 | 讲授操作 |
| 6 | 实习电路原理 | 掌握晶体管放大电路和晶体管开关电路的主要特点,基本性能;掌握实习电路的工作原理及工作过程,能够独立地分析实习电路 | 3 | 讲授 |
| 7 | 测量仪器的基本原理及正确使用 | 了解基本测量仪器的原理;熟练掌握测量仪器的使用 | 2 | 讲授操作 |
| 8 | 技术报告的规范化及评分标准 | 技术报告格式,波形、数据规范正确 | 1 | 讲授 |
| 9 | 产品验收及口试 | 正确测量电路波形、数据;熟练操作仪器 | 5 | 一对一 |

### 三、"综合创新训练"

#### 1. 课程简介

20世纪90年代末,工程训练中心成立前,当时的"工程材料及机械制造基础教学中心"在学校协调下,联合各院系经过几轮探讨,综合各专业培养需求,形成建设整体"工程训练中心"的方案,同时形成了国内首创的分层次、按模块"认识-训练-创新"三位一体循序渐进的全新工程实践教学体系。该体系从基础的工业认识实习(一年级)使学生建立工程概念,到中层的工种基本训练(二年级)进一步使机械类学生体会理论结合实践,再到最高层次的综合创新训练(三年级),将学生所学知识结合起来,构建一个完备的从基础到综合,从能力到素质,从知识到应用的相互交织、互相促进的教学系统。

"综合创新训练"是三层次教学体系中的顶层课程,由教师指导学生完成一项完整的工程项目。该课程至今已面向众多专业开展了二十多年的教学,期间经历了不断提高认识、改革、完善和发展的过程。面向高年级的工程创新训练是在学生学完相关技术基础课程以后开展的一项理论与实践密切结合的综合训练活动,成为各门技术基础课程的最佳结合点。

课程开展的形式是以创新项目为载体,在教师的创新引导和讲授相关前沿科技知识的基础上,学生以小组为单位,围绕创新项目开展构思、设计、制作、验证及汇报工作,了解创新原理及科学发现过程,掌握工程项目开发流程,学习先进技术,能够利用相关技术和知识解决工程实际问题,并形成一定的创新成果,创新训练课程的开展流程如图1-24所示。

课程实际可划分为两大阶段,第一阶段为选题规划与方案设计,第二阶段为产品设计与制造实践。

第一个阶段始于"加工工艺学""机械设计""机械原理""C语言编程设计"等理论课程,即从讲授互换性原理、加工工艺、机构学、运动学、单片机等开始,进行创新、训练、动员,使学生了解创新、训练的意义和所要完成的工作任务,学生自愿组合成立创新小组。在本阶段中,教师穿插讲解"创新思维方式""产品创新技法"等内容,创新小组逐步形成创新产品的构思方案,并随时与教师讨论研究。方案提交后,由教学团队组织进行方案审查,审查通过者,在教师指导下完成方

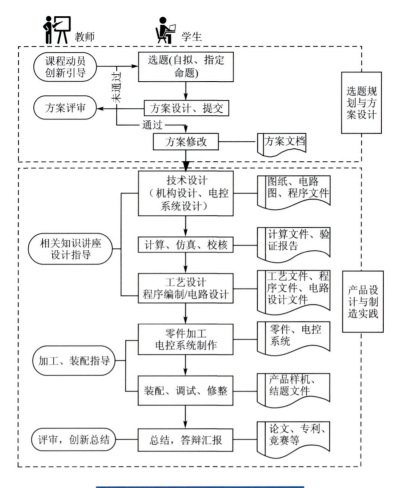

图 1－24　创新训练课程的开展流程

案设计;同时允许未通过者重新设计方案。

　　第二个阶段为实践阶段,学生进入实践基地后进行创新产品的自主设计、自行加工和装配训练;在教师指导下完成技术设计、工艺设计、电路设计和选型、程序编写等;在加工和装配、调试过程中,学生不断与指导教师交流,增强和巩固工程知识。

　　最后各小组展示产品,就创新产品的性能、创新思维的产生和过程进行汇报、总结和答辩,并上交产品和相关文件。上交的文件包括但不限于零件图、装配图、工艺卡、电路设计图、程序文件、仿真文件等能表明产品完成过程的内容。能力突出者可以将创新训练过程中的关键技术、原理形成科研论文或发明专利,保留成果。

本课程强调运用工程实践的方式,让学生将诸多的知识和技能充分地消化、吸收,使之转化成为综合素养。这是一个复杂的转变过程,同时这种转变具有不可替代性,必须亲身经历和体验。对于参加创新训练的大学生,开展创新训练的最终目的是巩固所学知识,锻炼工程实践能力,培养创新意识与创新能力,提高综合素质。

**2. 新时代背景下课程改革思路**

课程在实施过程中出现了落后于时代科技发展、学生投入度降低的情况,经过多次研讨和课程改革,在学校整体创建一流课程的大环境下,紧紧抓住科技发展趋向和学生发展脉络,逐渐找到了课程持续发展的途径。

① 提高课程本身的创新性,即在选题和授课内容方面引入前沿科技知识。教学内容的前沿性与时代性是检验课程创新性的重要指标,本门课程的教学内容围绕项目展开,项目作为课程的核心主线,也是课程先进性的重要体现。同时,作为核心专业课,必须体现出课程在专业培养方面的支撑作用。除了竞赛题目、学生科创活动和自主创造作为课程项目来源,还加强了与专业院系和高新企业合作,引入了专业教师的科研项目和企业的实际工程项目,使得项目既体现出融合多学科知识的综合性,又强调结合本专业前沿科学研究和技术发展的创新性。让学生接触到最新的知识,掌握最新的方法,从与科技发展同步的研究性实践中获得更大的成就感。

② 通过进一步强化学生的主体地位,提升教师的指导能力,进而提高课程将"知识、能力与素质"融合一体后在培养方面的作用,突出课程的高阶性。学生作为项目实施主体,需要全程参与项目的方案设计、开展与实施,整个过程融合了"知识、能力与素质"这三个教学要素。所谓强化学生的主体地位,即给学生更大的自由度,激发更多的创新构想,在资源上保证学生有失败重来的机会。教师在"以成果为导向,以学生为主体"的原则下,负责传授知识和引导学生完成项目。由专业教师为学生集中讲授前沿科学知识与项目开展过程的关键技术,由具有丰富实践经验的教师指导学生开展项目。教师个人教学、指导水平和专业技能水平成为项目完成效果的重要影响因素,提高教师各项创新教学能力也是课程

顺利开展并获得最佳效果的关键。

③ 建立完备严谨的课程机制,保证学生的参与度和课程的高挑战度。学生能在有限的课程时间内,调用多门先期课程内容,利用现代信息技术手段,完成综合性的项目,对其来说是一件高难度的学习任务。如何有效地评价学习效果,科学地判断学生能力的获得,需要建立合理的考核评价体系。

### 3. 教学成果

课程的直观产出是每年产生科技作品 50～100 项,这些作品融合了学生的各种创意,锻炼了综合实践能力。学生用这些作品参加各级各类科技竞赛,获奖丰硕,获奖名单见附录。

图 1-25 所示为部分学生作品,均已申请专利。

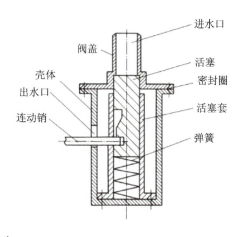

(a) 节水龙头

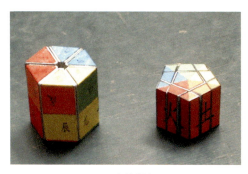

(b) 六棱魔方                    (c) 尺蠖车

**图 1-25 "综合创新训练"学生作品展示**

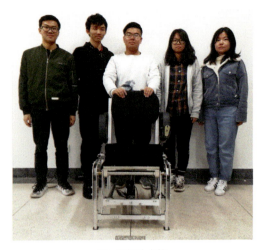
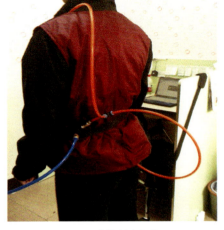

(d) 老年助力椅  (e) 涡流管制冷外套

图 1－25  "综合创新训练"学生作品展示(续)

从学生的角度看,在一定的引导下经历了整个项目的开发过程后,明晰了工程项目的侧重点和全流程,对其今后的科研或工程开发工作奠定了良好基础。

本课程先后多次获评校级优秀教学成果,2021 年获批校级一流本科课程建设立项,力争在培养学生综合工程能力方面取得更大的成效。

### 四、基础理论课

"工程材料""加工工艺学""机械工程引论"作为工程训练中心三大理论课程,多年来不断探索教学模式,创新教学理念,丰富教学手段,建立融合工程能力、工程素质、创新能力训练于一体的课程体系,建立"学生主体、知识传授、能力培养和价值塑造协调发展"这一新的发展理念,探索工程教育训练基地,为培养卓越工程师服务。

#### 1. "工程材料"

(1)课程介绍

该课程设置为 32 学时,其教材如图 1－26 所示,适用于近材料类、近机械类的本科二年级学生。该课程属于机械类专业的技术基础课,具有很强的实际工程应用背景。课程从材料科学和工程应用的角度出发,根据工程材料的基础理论、概念和现象,建立整体统一的概念和体系,阐明它们之间的内在联系。通过本课程学习,使学生掌握有关工程材料及热处理的基本理论、基础知识;熟悉常用工程材料的成分、组织和性能之间的关系;并初步具备合理选用材料和对常用工程材料改性的基本能力。

图 1-26 《工程材料》教材

教学环节包括理论授课和实验。其中,理论授课为 28 学时,课堂教学中采用启发式和互动式教学方法,注重以科研和实际工程问题为背景的案例教学方式的运用,并将大类材料的共性和个性有机地结合起来;注重课件、视频资料、板书和教师讲解的有机结合。实验为 4 学时,两个实验:机械性能的测定及金相组织观察(实验一)和碳钢热处理工艺设计与性能(实验二)。实验一要求掌握材料力学性能的测量方法及使用金相显微镜观察碳钢的平衡组织。实验二根据给定的开放性探究题目,完成材料选择及工艺路线设计,撰写实验报告,实验教学现场如图 1-27 所示。

(2)课程特色

"工程材料"属于机械类专业的技术基础课,具有很强的实际工程应用背景。同时主讲者会在授课过程中将其相关科研经历与科研前沿进展与授课内容有机结合,给学生以科研思路的培训和启迪。具体教学目标可分解为 4 点,如表 1-2 所列。

(a) 拉伸机　　　　　　　　　　　　　　　(b) 冲击机

图 1-27　拉伸机及冲击机实验教学现场

表 1-2　课程目标各分解点的内容描述与目标特征

| 课程目标 | 内容描述 |
| --- | --- |
| 课程目标 1 | 掌握有关工程结构和机械零件常用工业用钢、铸铁、有色金属、非金属材料和复合材料的基本性能和特点 |
| 课程目标 2 | 掌握工程材料改性的原理和工艺,理解工程材料的成分、结构、工艺、性能及应用的相互关系 |
| 课程目标 3 | 掌握根据零件工作条件和失效方式,合理选材并正确制订工艺路线的方法,培养学生分析与解决工程实践问题的能力 |
| 课程目标 4 | 了解国内外新材料的发展趋势和前沿科研成果,在材料科技方面提高科技文化素质;能较顺利地阅读、理解与材料相关的科技文献 |

（3）课程内容

"工程材料"课程内容如表 1-3 所列。

表1-3 课程内容

| 序号 | 教学内容 | 基本要求及重点和难点 | 学时 | 教学方式 | | 对应的课程目标 |
|---|---|---|---|---|---|---|
| | | | | 课内 | 课外 | |
| 1 | **绪论**<br>材料与社会经济发展；<br>工程材料及其分类；<br>课程目的、任务与学习方法；<br>课程内容 | ① 了解本课程的研究对象；<br>② 理解本课程的研究任务及主要研究内容 | 1 | 课堂讲授 | 小论文（文献综述） | 4 |
| 2 | **金属材料的力学性能**<br>强度与塑性；<br>硬度；<br>韧性与疲劳强度；<br>蠕变极限与持久强度 | ① 掌握材料的拉伸强度指标、硬度的表达方法；<br>② 了解材料的冲击韧度与疲劳强度；<br>③ 了解材料的断裂韧性；<br>④ 难点是理解不同材料的拉伸曲线形状的差异 | 2 | 课堂讲授 | 习题 | 1 |
| 3 | **材料结构与变形**<br>纯金属的晶体结构；<br>纯金属的实际晶体结构；<br>合金的晶体结构；<br>金属塑性变形与再结晶-塑性变形实质、加工硬化、再结晶 | ① 掌握晶体的概念，了解理想晶体的晶体结构；了解非金属晶体；理解实际晶体中的晶体缺陷；<br>② 理解结晶的条件和结晶的过程；<br>③ 掌握常用金属的三种典型晶体结构的表达方式；<br>④ 理解单晶体和多晶体塑性变形的基本方式、特点及实质；掌握细化晶粒的强化方式的原理；<br>⑤ 掌握塑性变形对金属组织和性能有哪些主要影响；<br>⑥ 掌握变形金属在加热时回复、再结晶以及晶粒长大过程中组织和性能的变化 | 3 | 课堂讲授 | 习题 | 1、2 |

| 序号 | 教学内容 | 基本要求及重点和难点 | 学时 | 教学方式 | | 对应的课程目标 |
|---|---|---|---|---|---|---|
| | | | | 课内 | 课外 | |
| 4 | **纯金属与合金的结晶**<br>纯金属的结晶；<br>合金的结晶；<br>二元合金相图；<br>合金的性能与相图的关系 | ① 了解合金、组元、相及组织的概念；<br>② 掌握合金的相结构，了解固溶体和金属化合物的分类；<br>③ 了解相图的建立；掌握常见的二元合金相图中的匀晶相图、共晶相图、包晶相图；<br>④ 掌握二元合金相图的平衡结晶过程，以及结晶过程中各个温度的相组成和组织组成；<br>⑤ 了解合金的性能与相图的关系 | 3 | 课堂讲授 | 习题 | 1、2 |
| 5 | **铁碳合金相图**<br>铁碳合金中的基本相；<br>铁碳合金相图；<br>相图的应用 | ① 掌握铁碳合金的主要相结构和组织以及相应的性能；<br>② 理解铁碳相图并能根据相图对七种典型合金的平衡结晶过程以及判断每种合金的室温相组成和组织组成；<br>③ 掌握含碳量对铁碳合金组织和性能的影响 | 4 | 课堂讲授、讨论 | 习题 | 2 |
| 6 | **热处理及表面处理**<br>常用热处理工艺特点及应用——淬火、回火、正火、退火、表面热处理；<br>热处理原理；铝合金热处理——淬火时效；<br>表面处理——涂层、改性 | ① 掌握钢在加热时组织转变的过程及影响因素；钢在加热和冷却时组织转变的机理；<br>② 掌握过冷奥氏体的TTT曲线、CCT曲线中各条线的含义，以及各种温度区域内（或不同冷却介质下）奥氏体转变产物的组织形貌、性能特点；<br>③ 掌握各种热处理（回火、正火、退火、淬火）的工艺特点及应用；<br>④ 掌握钢的表面淬火和化学热处理的工艺种类特点、应用和区别 | 4 | 课堂讲授、讨论 | 习题 | 2 |

| 序号 | 教学内容 | 基本要求及重点和难点 | 学时 | 教学方式 课内 | 课外 | 对应的课程目标 |
|---|---|---|---|---|---|---|
| 7 | **非金属材料及复合材料的结构与性能**<br>高分子材料；<br>陶瓷材料；<br>复合材料及功能材料 | ① 熟悉常用高分子材料（如塑料、橡胶）的性能特点，熟悉高分子材料的分类及其典型的应用；<br>② 了解陶瓷材料的性能特点、分类及应用；<br>③ 了解复合材料的定义和分类，复合材料的性能特点，各类复合材料的应用；<br>④ 了解功能材料及其他前沿材料的应用 | 2 | 课堂讲授 | 习题 | 1、4 |
| 8 | **非金属材料的改性及复合材料的增强机制**<br>高分子材料的改性；<br>陶瓷材料的改性；<br>复合材料的增强机制及性能 | ① 了解高分子材料和陶瓷材料的改性原理和方法；<br>② 了解纤维增强复合材料的增强机制及性能；<br>③ 了解颗粒增强复合材料的增强机制及性能；<br>④ 了解片层增强复合材料的增强机制及性能 | 2 | 课堂讲授 | 习题 | 2、4 |
| 9 | **常用工程材料简介**<br>碳钢、铸铁、合金钢、铝合金及其他有色金属的分类、牌号、性能、热处理特点及应用 | ① 掌握常用工程材料的类别、编号方法、性能特点及用途；<br>② 了解合金元素在钢中的作用；<br>③ 掌握石墨对铸铁性能的影响；<br>④ 掌握铝合金的分类及热处理特点；<br>⑤ 了解其他有色金属的特点及用途 | 4 | 课堂讲授 | 习题 | 1、3 |

续表 1 - 3

| 序 号 | 教学内容 | 基本要求及重点和难点 | 学 时 | 教学方式 课 内 | 教学方式 课 外 | 对应的课程目标 |
|---|---|---|---|---|---|---|
| 10 | **工程材料的选用与应用**<br>选材的一般原则;<br>零件的失效与选材;<br>典型工程制件的选材与工艺 | ① 了解零件失效的方式和产生失效的主要原因;掌握失效分析的方法;<br>② 熟悉选用材料的基本原则和选择材料的基本方法;<br>③ 了解汽车零件用材;机床零件用材;仪器仪表用材;热能设备用材;化工设备用材;航空航天器用材;<br>④ 熟悉齿轮、轴类、弹簧、工具类零件的工作条件、失效形式、性能要求;<br>⑤ 难点是正确合理地选用材料,并能制定相应的热处理工艺和加工工艺路线 | 3 | 课堂讲授 | 习题 | 3 |
| 11 | **实验一**<br>机械性能的测定及金相组织观察 | 内容:<br>用拉伸实验机、冲击试验机、洛氏硬度机测不同材料(碳钢和非金属)的强度、塑性、韧度和硬度;<br>要求:<br>① 了解常用的硬度计的结构、工作原理及使用方法;<br>② 掌握金属材料 HB、HR、HV 硬度测试原理与方法;<br>③ 了解材料组织成分对机械性能的影响 | 2 | 实验 | 实验报告 | 1 |

续表 1 - 3

| 序　号 | 教学内容 | 基本要求及重点和难点 | 学　时 | 教学方式 | | 对应的课程目标 |
|---|---|---|---|---|---|---|
| | | | | 课　内 | 课　外 | |
| 12 | **实验二**<br>碳钢热处理工艺设计与性能 | 内容：<br>给定金属材料:碳钢或合金钢<br>① 设计其工业用途；<br>② 根据用途制定热处理工艺及试验；<br>③ 进行组织与性能分析；<br>④ 提交综合实验报告；<br>要求：<br>① 了解选材的基本方法；<br>② 掌握热处理试验的操作规程；<br>③ 掌握常用金属零件的工艺路线制定方法 | 2 | 实验 | 文献查阅、团队合作、报告撰写 | 3 |

**2."加工工艺学"**

（1）课程介绍

该课程设置为 48 课时,其教材如图 1 - 28 所示,是一门培养学生工程思维、建立设计与工艺有机统一观念的课程,是机械类和近机械类专业的专业技术基础课。设计、工艺、加工是制造的三个环节,缺一不可。精设计、懂加工,或精加工、懂设计,一直是企业界的基本要求,而工艺是设计与加工的纽带和桥梁。

在教学过程中通过"理论讲解＋实验验证"的教学方法,使学生学习传统加工方法和现代加工方法的基本原理和加工特点,掌握主要机械加工方法、典型零件工艺设计,掌握用现代信息技术手段对构思和设计进行工艺分析的方法,具有制定中等复杂零件的加工工艺规程能力以及基于各种制造方法的结构工艺性分析能力,从而深入了解零件设计和加工工艺产业链之间的辩证关系,理解加工工艺知识对合理设计零件结构的重要性。图 1 - 29 所示为"加工工艺学"学生实验环节。

以上目标对人才培养的支撑作用体现在:能够设计针对复杂工程问题的解决方案,设计满足特定需求的系统、单元(部件)或工艺流程,并能够在设计环节中体现创新意识。针对北航学生,尤其是航空航天大类专业的学生,将来从事的

**图 1-28　《加工工艺学》教材**

(a) 3D打印复杂结构件测量

(b) 小型工具显微镜的使用

**图 1-29　"加工工艺学"学生实验环节**

工作岗位多为研究型或设计型,掌握一定的加工工艺知识甚至掌握一定的实际加工技能,对设计工作大有裨益,同时也可提高学生的动手能力和运用理论知识解决实际问题的能力。

(2) 课程特色

"加工工艺学"具体教学目标可分解为 5 点,如表 1-4 所列。

表 1-4　课程目标各分解点的内容描述与目标特征

| 课程目标 | 内容描述 | 目标特征 |
|---|---|---|
| 课程目标 1 | 掌握传统加工方法和现代加工方法的基本原理及加工特点,注重理论与实践的有机结合,具备零件加工工艺制定与分析的初步能力 | 知识目标为主,能力目标为辅 |
| 课程目标 2 | 理解机械图纸的各项精度指标,掌握手工或使用 CAD 软件对图纸的尺寸公差、几何公差和表面粗糙度的正确标注,并了解获得精度指标的工艺手段 | 能力目标 |
| 课程目标 3 | 能够对常见的零件结构进行结构工艺性分析,基于当前制造工艺水平的理念培养学生合理的结构设计,从而建立设计与工艺的有机统一思想 | 能力目标 |
| 课程目标 4 | 了解机械制造的技术发展趋势,能用先进技术解决复杂工程问题,树立正确的机械设计与加工工艺之间的产业链关系理念 | 能力目标 |

（3）课程内容

"加工工艺学"课程内容如表 1-5 所列。

表 1-5　课程内容

| 序　号 | 教学内容 | 基本要求及重点和难点 | 学　时 | 教学方式 | |
|---|---|---|---|---|---|
| | | | | 课　内 | 课　外 |
| 1 | **绪论**<br>加工工艺的发展历史、本课程的主要教学内容、地位、作用及学习方法 | ① 了解本课程的主要教学内容;<br>② 了解机械加工与机械设计的产业链关系;<br>③ 了解制约产品竞争力的因素 | 2 | 课堂讲授 | 习题 |
| 2 | **互换性原理** | ① 理解互换性原理的概念及其在加工中的重要性,了解标准质量和加工质量的定义;<br>② 理解配合的概念,掌握尺寸精度相关的国家标准的定义及查法,能完成产品设计时的尺寸公差查表、计算及综合选择;<br>③ 掌握几何公差的基本概念、标注方法、特征项目和几何公差带的定义,理解几何误差评定方法及其对产品质量的影响,能在图纸上正确标注几何公差;<br>④ 了解表面粗糙度对产品质量的影响,掌握表面粗糙度的相关定义、评定指标,并能在图纸上正确标注;<br>⑤ 掌握螺纹的基本知识,并能对其进行正确的图纸标注;<br>⑥ 具备综合应用互换性原理的相关内容对零部件进行加工质量分析并设计的能力 | 14 | 课堂讲授＋课上研讨 | 习题 |

续表 1 - 5

| 序 号 | 教学内容 | 基本要求及重点和难点 | 学 时 | 教学方式 | |
|---|---|---|---|---|---|
| | | | | 课 内 | 课 外 |
| 3 | 热加工工艺 | ① 了解热加工的常用方法,毛坯制造的作用;<br>② 掌握铸造的原理,铸造性能和铸造缺陷定义和影响因素,掌握铸件设计的典型结构工艺性问题;<br>③ 了解压力加工的基础知识,掌握自由锻、模锻件设计的典型结构工艺性问题;<br>④ 了解焊接的基础知识,掌握焊接结构件设计的典型结构工艺性问题 | 6 | 课堂讲授 | 习题 |
| 4 | 切削加工基础知识 | ① 了解传统加工方法的基本原理及加工特点,掌握每种加工方法的切削运动分析;<br>② 掌握刀具角度的相关知识,了解刀具角度对加工质量的重要作用;<br>③ 了解切削加工的常见物理现象,掌握它们对机械加工的影响规律;<br>④ 了解常见工程材料的切削加工方法的特性和加工能力,能够根据零件的各型面选择合适的加工方法 | 6 | 课堂讲授 | 习题 |
| 5 | 特种加工和光整加工 | ① 了解常用的特种加工方法的基本原理及加工特点;<br>② 了解光整加工的加工原理及加工特点 | 2 | 课堂讲授 | 习题 |
| 6 | 机械加工工艺规程设计 | ① 了解工艺规程的基本概念,理解生产类型对加工工艺规程制定的影响;<br>② 理解切削加工零件典型的结构工艺性问题,并能对零件进行结构工艺性分析;<br>③ 了解夹具分类及相关基础知识,并深入掌握六点定位原理;<br>④ 掌握零件加工时的定位基准选择原则,并结合夹具设计分析定位情况;<br>⑤ 掌握工序尺寸的计算方法,并深入理解尺寸链的作用及计算方法;<br>⑥ 掌握工艺路线制定的相关问题(切削方法的选择、工序顺序原则、工序集中与分散等),能分析典型零件的加工路线;<br>⑦ 通过对三类典型零件(轴类、盘套类、箱体类)的工艺方案分析,掌握中等难度零件的加工工艺规程制定方法和过程 | 12 | 课堂讲授 | 习题 |

续表 1 - 5

| 序 号 | 教学内容 | 基本要求及重点和难点 | 学 时 | 教学方式 | |
|---|---|---|---|---|---|
| | | | | 课 内 | 课 外 |
| 7 | 先进制造技术 | ① 了解以数控技术为基础的先进制造技术,重点是理解设备与工艺的辩证关系;<br>② 了解 3D 打印技术及其应用领域 | 2 | 课堂讲授 | 习题 |
| 8 | 实验教学 | ① 测量技术基础实验,重点掌握几何公差与表面粗糙度的测量方法;<br>② 测量技术综合实验,重点是刀具角度和螺纹精度的测量方法;<br>③ 加工工艺方案设计与仿真 | 8 | | |

### 3."机械工程引论"

（1）课程介绍

该课程设置为 32 学时,其教材如图 1 - 30 所示,是一门面向非机械类（电子信息、控制、高工）专业本科生的课程,是学习机械产品数字化设计和制造技术的工程基础课。

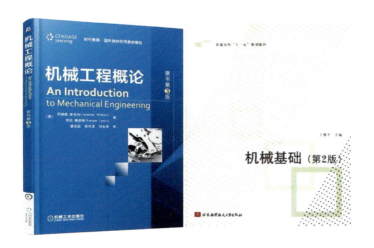

图 1 - 30 《机械工程引论》教材

通过机械基础理论教学,结合 CAD/CAE/CAM 自主上机实践,学生可学习机械产品数字化设计表达、工程材料力学性能与材料选择、数字化制造原理与方法,使其具备机械图样识读和三维建模分析的能力。通过机器机构、工程材料、制造工艺课堂教学和 CAD/CAE/CAM 软件技能的课外同步学习,学生可以掌握数字化设计和制造方面的基础知识和 CAD/CAE/CAM 应用的基本技能，了解智能制造的最新进展，为具有不同兴趣方向和能力的学生配置不同综合设计作业和个性化学习方案。

（2）课程特色

"机械工程引论"具体教学目标可分解为 3 点，如表 1-6 所列。

表 1-6　课程目标各分解点的内容描述与目标特征

| 课程目标 | 内容描述 | 目标特征 |
|---|---|---|
| 课程目标1 | 掌握工程图识读和 CAD 几何建模；理解工程图规范和工程标注的含义；能够读懂和认识通用机械产品的工程设计图，能够熟练操作三维 CAD 软件建立产品的三维模型，并生成具有 2 维-3 维关联的零件-装配体设计模型 | 能力目标为主 |
| 课程目标2 | 掌握从设计到产品流程的环节和原理性知识；包括运动机构（平面 4 杆机构）的运动工作原理和工程应用，工程材料的选择，数字化制造典型技术如 CNC 加工、3D 打印、逆向工程等 | 知识目标为主 |
| 课程目标3 | 掌握综合运用设计、材料、工艺机械理论和 CAD/CAE 应用的技能，能够完成日常作业，能够完成综合设计作业且具有简单产品设计能力 | 知识目标为主，能力目标为辅 |

（3）课程内容

《机械工程引论》课程内容如表 1-7 所列。

表 1-7　课程内容

| 序号 | 教学内容 | 基本要求及重点和难点 | 学时 | 教学方式 课内 | 教学方式 课外 | 对应的课程目标 |
|---|---|---|---|---|---|---|
| 1 | **绪论**<br>机械发展史，产品数字化设计制造的过程和课程目标 | ① 了解机械工程的历史和前景；<br>② 理解本课程的学习内容方法和考核要求 | 2 | 课堂讲授 | | 2 |
| 2 | **设计表示．工程图**<br>三视图投影；<br>制图的国家标准；<br>零件图的表达规范；<br>工程图纸的标注 | ① 掌握几何元素投影作为视图表达和机械产品图纸的基本规律；<br>② 掌握工程制图国家标准的基本内容；理解工程图纸的技术标注常用符号；掌握公差、表面质量、技术说明的标注方法；<br>③ 能识读简单的零件/装配图；<br>④ 重点是建立平面-空间投影；<br>⑤ 难点是读懂零件图和标注的工艺含义 | 6 | 课堂讲授 | 习题 | 1 |

| 序 号 | 教学内容 | 基本要求及重点和难点 | 学 时 | 教学方式 | | 对应的课程目标 |
|---|---|---|---|---|---|---|
| | | | | 课 内 | 课 外 | |
| 3 | **设计表示.三维建模**<br>三维建模方法；<br>三维渲染和动画设计；<br>三维运动仿真；<br>三维二维关联 | ① 掌握三维建模基本方法；<br>② 能够使用三维软件进行机构运动分析；<br>③ 能够完整表达设计几何模型和装配模型；<br>④ 重点是平面连杆机构的工作特性分析；<br>⑤ 难点是建模的准确度 | 6 | 课堂讲授＋网上课程 | 习题、项目大作业 | 1,2 |
| 4 | **机器与机构.平面 4 杆机构**<br>机器的组成和运动副原理,结构简图；<br>平面 4 杆机构曲柄判定；<br>平面连杆机构应用；<br>平面机构的自由度计算公式；<br>间歇运动机构；<br>在 Solidedge 中进行 4 杆机构分析与仿真 | ① 了解机构运动简图的绘制方法,能看懂机构运动简图并用机构运动简图表达设计构思；<br>② 掌握平面机构自由度的计算；<br>③ 掌握 4 连杆机构的应用,能够在 CAD 软件中建立仿真模型；<br>④ 重点是机构简图和曲柄判定；<br>⑤ 难点是连杆机构应用和计算 | 6 | 课堂讲授 | 习题 | 1,2 |
| 5 | **机器与机构.机械传动**<br>机械传动类型；<br>齿轮传动的原理与计算；<br>传动机构的应用；<br>了解液压和气动传动的应用 | ① 理解齿轮啮合原理及设计几何参数；<br>② 掌握齿轮皮带轮传动的基本计算；<br>③ 了解传动机构类型及应用；<br>④ 重点是传动机构的应用；<br>⑤ 难点是轮系的传动比计算 | 4 | 课堂讲授 | 习题、项目大作业 | 2 |
| 6 | **工程材料**<br>材料的力学性能指标；<br>材料的拉伸曲线分析；<br>应力-应变计算与材料的结构-性能的相关性 | ① 了解工程材料分类和机械性能的指标；<br>② 理解材料受力形式及应力-应变计算；<br>③ 掌握材料拉伸的变形曲线和受力特点；<br>④ 建立材料结构-性能-工艺关系的基本概念；<br>⑤ 重点是材料的极限应力的应用条件；<br>⑥ 难点是不同工程材料变形和失效的分析与计算 | 4 | 课堂讲授 | 习题 | 2,3 |

| 序　号 | 教学内容 | 基本要求及重点和难点 | 学　时 | 教学方式 课　内 | 教学方式 课　外 | 对应的课程目标 |
|---|---|---|---|---|---|---|
| 7 | **数字化制造**<br>数控成型加工技术；<br>数控切削加工技术；<br>增材制造技术；<br>制造数据管理 | ① 了解现代成型工艺；<br>② 了解数控切削加工工艺和CAM原理；<br>③ 了解增材制造技术；<br>④ 重点是理解数控加工和增材制造工艺；<br>⑤ 难点是数控加工坐标系的确定 | 4 | 课堂讲授 | 阅读 | 3 |

## 1.3.3　服务学校及社会情况

工程训练中心面向全校开设 11 门理论课和 6 门实践课，近 10 年来，年均接待学生 6 500 人次，55 万人时。2005—2021 年每年接待学生数、承担教学工作量和职工人数如图 1－31 所示。

工程训练中心负责组织校内学生参加中国大学生工程实践与创新能力大赛、全国大学生机械创新设计大赛和中国机器人及人工智能大赛等竞赛，累计获得国家级一等奖 6 项、二等奖 11 项、三等奖 10 项，北京市级特等奖 15 项、一等奖 70 项、二等奖 77 项，部分获奖学生如图 1－32 所示。

工程训练中心持续面向沙河高教园区共享开放，已累计接待了中国农业大学、中国矿业大学（北京）、北京邮电大学、中国石油大学（北京）、华北电力大学、

(a) 工程场景数字化赛项获奖团队　　　　　(b) 智能车赛项获奖团队

图 1-32　获奖学生

北京建筑大学、北京服装学院、北京联合大学文理学院、北京邮电大学世纪学院、北京城市学院等高校的学生实习 16 090 余人次；接待北京市"初中开放性科学实践活动"学生共计 2 200 余名（见图 1-33、图 1-34）。

(a) 铣工实习　　　　　　　　(b) 钳工实习

(c) 铸造实习

图 1-33　中国矿业大学(北京)学生实习

图 1-34　中国石油大学(北京)学生实习

　　工程训练中心的发展得到北京市、昌平区、沙河高教园和学校的大力支持。北京市委副书记、市长陈吉宁分别于 2019 年和 2021 年到工程训练中心调研,北京市委、市教工委、市教委、市委组织部、昌平区等相关领导多次到工程训练中心调研指导工作,对实践育人、创新教学和开放共享工作予以充分肯定。

# 2 工程训练中心起源及艰难发展阶段

## 2.1 工厂生产实习阶段

校办工厂作为北航工程训练中心的起源,是当时工科院校必不可少的组成部分。1952 年 6 月 29 日北航第二次筹委会提出校组织机构草案时,即考虑学校应设实习工厂,规定工厂与系及教研室等组织同属院长领导。北航成立时,据 1952 年 12 月 31 日统计,全院仅有技术员与技工 16 人。

实习工厂作为学校的首批基建单位,1953 年开始动工,面积 4 283 平方米,于 1956 年全部竣工。1954 年行政机构划分时,实习工厂属于院部,归主管副院长和行政总务处领导。5 月 13 日,新建的实习工厂开始投入使用。为落实国家"一五"计划中"贯彻生产实习制度"的要求,饶国璋先生(时任北航院务委员会委员并主持金属工艺学教研室和实习工厂工作)首次开设金工实习、生产实习等课程。1954 年学校实习工厂建成后,学生在校期间安排三次下厂实习,分专业制定详细实习计划。1955 年 4 月 13 日,天津支援北航的 54 位技术工人到校,学校召开了欢迎大会,他们的丰富工作经验,对实习工厂的建设起了重大作用。工厂下设两个车间:生产实习车间和生产车间。生产实习车间(见图 2 - 1),冷加工有车、铣、刨、磨、钳,热加工有锻、铸、焊,另外还有木模工种,专门承担学生的生产实习任务;生产车间,承担部分教学设备、试验件及科研生产任务的加工。两个车间各有职工 80 多人,全厂有 170 余人。1955 年 6 月学校动员教师开展科研后,工厂开始利用科研成果进行生产。

1958 年 1 月 20 日,工厂机构调整,下设生产、实习、仪表、印刷、木工 5 个车间。2 月 1 日,航空热加工系学生的工厂实习改为勤工俭学,2 月 11 日到 17 日,根据党委指示,组织航空热加工系和航空工程经济系的 326 名学生,在工厂和有

(a) 钳工——调试装配　　　　　　　　　　(b) 车工

(c) 铣工

**图 2-1　学生在院机械厂实习**

关实验室,参加了 9 个工种的勤工俭学试点。同时学校开始提出结合教学、科研,自己设计制造一架多用途飞机的设想。

1958 年 6 月 19 日,随着全国形势的发展,将工厂(包括实习、生产与木工车间)划归航空材料系(原航空热加工系)领导。1958 年 8 月 1 日,由于型号研制需要,北航自建的新工厂举行开工典礼,定名为"八八一"厂。1959 年完成工厂的主体结构,建筑面积达 12 047 平方米。1958 年到 1960 年期间,学校的人员迅速增加,工厂的职工最多曾达到 1 200 余人。增设了热处理、表面保护、钣金、装配等工种,并尽可能设法配齐所须设备。

1960 年 3 月将原来的工厂和"八八一"厂以及院内其他生产单位合并成一个工厂,下设有生产实习车间、机械加工车间、热加工车间、制氧车间、装配车间和仪表车间。前 4 个车间主要负责学生的生产实习、教学、科研、实验的设备加工以及供气的任务(包括压缩空气、氧气、液氧、液氮等)。在这期间,将工厂的全部力量投入到型号生产。在这两三年中,工厂不仅在教学、科研上做出了应有的贡献,并且在经济上也创造了相当可观的收入。

从 1961 年开始,全国进入调整时期,学校的型号研制相继下马,着手贯彻"高校 60 条"的精神。校办工厂在汲取经验和教训的基础上,在学生的生产实习过程中,实行了"真假"产品相结合的做法,既满足教学计划规定的要求,又尽量安排加工真实产品。为了解决学校经费不足的问题,须自制设备满足教学要求,当时选定了 C618K – 1C 机床作为学生的实习产品。在结合生产的实习中,除难度大的零部件由工人完成外,其余都是通过工人师傅的指导,由学生在实习中完成。这几年中约生产了 30 台机床,按沈阳机床三厂车床标准进行检验,基本合格。此外还接受了外单位的一些单件产品,作为学生的实习对象,既满足了教学要求,也为学校创造了部分收入。在这阶段,除科研生产外,教学自制设备及实验室建设的加工任务也很大。

1965 年 3 月 5 日,聂荣臻副总理来北航参观,重新肯定了学校应搞科研型号的做法,又推动了北航的教学、科研、生产三结合和组织学生真刀真枪地开展毕业设计。

1966 年工厂受到严重冲击,但为完成靶机、无人机等研制任务,广大工人、技术人员仍在坚持生产。全厂 200 多人,从事教学实习工作的近四五十人,其中实习车间有 36 人,车间中冷加工部分用于实习(见图 2 – 2),热加工有生产任务并参与部分实习。全厂包括车床 50 台,铣床 12 台,磨床 8 台(有参观用的),刨床 4 台,齿轮 3 台,大小钻床 8 台,锻压设备 8 台,焊机 8 台。

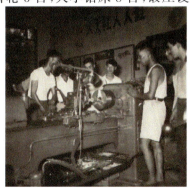　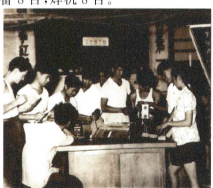

(a) 车工　　　　　　　　　(b) 钳工——调试装配

图 2 – 2　学生实习现场

1968年8月23日,工厂改名825厂。实习车间全部转为生产。1970年10月学院调整体制,将工厂机加设备分配给大队,工厂被划分为5个生产中队(分属五个大队)和一个院直属中队,有关学生的学工劳动、教学和科研的加工等任务,均由各大队自行在生产中队组织安排。

1972年4月8日,大队又改回系,生产中队改为系办车间。1973年5月23日,院党委根据第三机械工业部院校会议精神,对分散在各系的生产车间与直属车间进行调整,恢复成立北航机械厂,下设5个车间,其中分管教学任务的为三车间,同时成立金工教研室。

## 2.2  全面开展金工实习阶段

1977年全国恢复高校统一招生后,开始接收本科生教学实习。

1979年10月8日成立院考工委员会,对工人进行考工定级。此后,学校的教学工作逐步转入正常状态,北航机械厂承担全校本科生的生产实习任务。自1984年开始,本科生人数一般每年都维持在1200人左右,由金工教研室和实习车间等承担教学任务。

同一时期,在金工教研室马自天老师牵线搭桥下,经学校上级同意,专门针对国防科工委后勤部运输部61名学员开设了机械类(函授)大专文化补习培训班,所有学员于两年后全部毕业。在学校的支持下,教研室老师用开门办学的创收建了一栋1 000多平方米的独栋小楼,并为其配置了全套的金工实验设备,金工实验室正式成立,该实验室荣获"院年度教学研究成果"一等奖,使得金工教研室成为了当时北京乃至国内各大高校中较为领先的金工教研室,图2-3为当时培训班的开学典礼。

同期开设的北航职工中专学校(见图2-4),不仅提升了实习车间部分实习指导教师的学历,更使得教师的实践教学理论水平得到了实质性的改进。

1985年北航机械厂冷热加工、金工实习车间获院教学成果一等奖。当年共有1 485名学生在此完成金工实习,且该厂是国内首先开设数控机床实习的工厂。1986年6月26日至9月13日,配合学校教学改革,按小学期接纳学生进行

图 2-3 大专文化补习培训班开学典礼

(a) 中专学校开学典礼　　　　　　　　(b) 中专学校首届毕业生毕业典礼

(c) 北航职工中专学校首届毕业生合影

图 2-4 北航职工中专学校开学及毕业典礼

下厂实习和学工劳动。同年10月29日机械厂的金工实验室在北京市高校实验室工作表彰大会上荣获先进集体称号。

这期间涌现出一大批为金工事业做出突出贡献的前辈,其中曾在我校担任铸工教研室、401教研室主任的彭德一老先生,作为现代金工教学、实验模式的奠基人和实践者,发起并成立了北京市及华北地区金工研究会,担任第一、二、三届理事长,期间为"金属加工"以及"航空材料"方面的教学和实践工作做出了巨大贡献。

1989年机械厂成立教学中心,统一管理学生的校内生产实习,同时还设立了技术开发室。金工教研室的老师们积极探索开发新的教学工具,与电教中心共同制作多部电教片(见图2-5)。1990年将金工教研室、实习车间与热加工教学车间统一由教学中心管理。

图2-5 电教片"碳钢的机械性能测试与组织观察"

1987 年至 1992 年机械厂主要从事教学工作人员数量变化情况如表 2 – 1
所列。

表 2 – 1　1987—1992 年机械厂教学人员数量统计表

| 年　份 | 1987 | 1988 | 1989 | 1990 | 1991 | 1992 |
|---|---|---|---|---|---|---|
| 教学人员/人 | 22 | 58 | 41 | 56 | 55 | 53 |

在此期间,金工教研室的教师们不断探索并开发教学内容(见图 2 – 6、图 2 – 7),
先后开设了"金属材料及热处理""热加工工艺学""机械加工工艺学""公差配合"
等理论课程以及"材料(一)""材料(二)""冷加工(一)""冷加工(二)"等实验课,
部分课程内容一直沿用至今。

图 2 – 6　80 年代实习实践教学用书

1992 年至 1995 年期间,随着实践教学内容的不断丰富,教研室教学队伍开
始承接各类科研项目,内容立足实践教学研究,涉及"IGBT – 160 直流逆变弧焊
电源的研制""IGBT – 200 直流 $CO_2$ 自动焊逆变弧焊电源的研制""手工、氩弧脉
冲直流 IGBT 逆变弧焊电源的研制""交直流脉冲 IGBT 逆变弧焊电源的研制"

(a) 金相显微镜观察碳钢的金相组织

(b) 硬度计测量金属硬度

(c) 拉伸试验机测量材料的机械性能

(d) 测量零件几何形状误差

图 2-7　金工实验室教学现场

"焊接、空气等离子切割、刷镀三功能一体式 IGBT 逆变焊机的开发研制"等，"新型 WSE-200 型逆变多用途焊机的研制"获得北航科技进步三等奖（排名第三），如图 2-8 所示。同时，教研室成员积极参加各类学术会议，以增强与兄弟院校间的交流合作（见图 2-9）。

1997 年，机械厂的金工实习基地获批由北京市教委委托北京市高等教育学会金属工艺学研究会评选的"北京市高校定点实习基地"（见图 2-10、图 2-11），解决部分高校无实习资源的问题。

1998 年，工程训练中心建设方案获教育部批准，得到世界银行贷款高等教育发展项目的支持。

图 2-8 新型 WSE-200 型逆变多用途焊机部级鉴定会现场

图 2-9 教研室教学队伍赴青岛参加全国焊接学术交流会议(北京参会人员合影)

## 北京市教育委员会文件

京教产〔1997〕030号

关于授予北京航空航天大学机械厂等五所高校
校办工厂为"北京市高校定点实习基地"的通知

各高等学校：

为了进一步落实《中国教育改革和发展纲要》（以下简称《纲要》），建设好高校校内教学实习基地，抓好教学实习工作，提高在校生的工程实践能力，培养出跨世纪的优秀人才。经研究，决定授予北京航空航天大学机械厂、北京工业大学所属北京工大光电机械厂、清华大学电工厂、中国农业大学附属工厂、北京化工大学所属北京环峰化工机械实验厂为"北京市高校定点实习基地"。

北京市高校实习基地要按照《纲要》精神，切实抓好教学实习工作，各高校要把实习基地建设列入学校计划，加大投入，加强管理，提高服务水平，使实习基地不断发展壮大，更好地为学校的教育教学改革服务。

（此页无正文）

一九九七年十二月十八日

主题词：教育　校办企业　管理　通知

北京市教育委员会办公室　　　　　1997年12月18日印发

打　字：谢菊丽　　　校　对：高哲　　　共印90份

图 2－10　"北京市高校定点实习基地"获批文件

### 证　书

北京航空航天大学机械厂

为"北京市高校定点实习基地"，

特发此证。

一九九七年十二月

图 2－11　机械厂获批"北京市高校定点实习基地"证书

# 3 工程训练中心独立发展阶段

## 3.1 组建北航工程训练中心

### 3.1.1 中心成立的背景及筹建理念

北京航空航天大学作为一所工程优势突出的研究型大学,在"以面向全校开展基础性、典型性的工程训练实践教学目标"的指导下,学校以世界银行贷款"高等教育发展项目"建设为契机,突出"机、电、控"融合特色,计划整合校内机械厂的金属工艺教研室和金工实习、电子系的电子工艺实习和自动化系的控制实习四部分成立工程训练中心,并对其进行全面建设。

1999 年 9 月,校长办公会正式通过筹建"工程训练中心"的决定,并成立了由教务处、人事处、财务处、实验室及设备管理处负责人和"工程训练中心"有关人员组成的筹备组(见图 3 - 1),以负责"工程训练中心"的筹建工作。"211"建设项目"实习基地"也于同期竣工并交付使用,基地总建筑面积近 8 000 平方米,投资额 1 300 万元。

工程训练中心以"大工程教育"思想为指导,以建设一流的学生创新素质培养基地为目标,着力培训学生的工程实践能力、设计和动手能力、综合创新能力。构建人才培养需求的多层次、模块化实践教学体系,体现理论教育与实践教育相结合、课内实践与课外竞赛活动相结合、实践内容与工程背景相结合的学习平台,推动教学改革、管理机制的改革,不断深化内涵建设,形成优质资源融合共享,教学、科研、社会服务相互交融促进,协同开放的实践教学新模式。

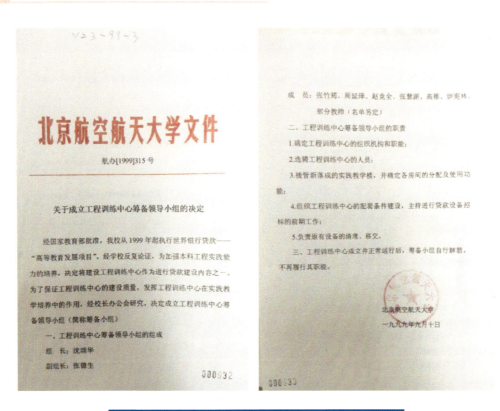

图 3-1　关于成立工程训练中心筹备领导小组的决定

## 3.1.2　中心的体制、教学服务与改革

1999 年成立工程训练中心之初,中心组织机构由办公室、教学部、切削部、成型部、综合创新部组成。随着中心定位的变化和条件的改善,为了适应中心持续不断的发展,组织机构和运行机制也在不断地进行改革。2003 年,中心根据当时各部门实际功能调整为办公室、教学与培训部、制造实习部、电子与控制实习部、综合创新部。2009 年,随着中心的进一步扩展,为了适应新形势下实践教学和工程训练课程教学的需求,对中心组织机构进行有效的整合和调整,机构重新调整后,面向整个中心的教学、行政和培训等工作的机构有办公室、理论教学与培训部、制造技术训练部、电子技术训练部、控制技术训练部、综合创新部、开放制作中心七大部门,图 3-2 所示为中心各部门教师代表合影。

2007 年是工程训练中心建设和改革发展颇具成效的一年。中心紧密结合工

**图 3 - 2　工程训练中心各部门教师代表合影**

作实际,积极落实学校党建评优的整改工作和各项工作计划,在 2006 年本科教学水平评估的基础上,以 2007 年"教学规范年"为契机,全面落实教育部"质量工程"精神。通过强有力的措施,从细节上抓起,突出"两个为本",不断改善教学环境和条件,规范教学秩序,深化教学改革与创新,提升中心教学质量。7 月工程训练中心顺利通过了"北京市实验教学示范中心"的评审,并被推荐参评"国家级实验教学示范中心"。11 月 6 日,北京航空航天大学工程训练中心正式批准成为"国家级实验教学示范中心建设单位"。2007 年中心在教学工作上成绩斐然,先后获得学校教学成果一等奖 1 项,二等奖 1 项,三等奖 2 项,在"成飞""西飞"奖教金评选过程中,获得一等奖 1 项,二等奖 1 项。

这一年,中心充分挖掘潜力,加大教学改革力度,加强教学规范,提高教学质量。建立了反映现代制造技术重要要素的"反求与快速原形技术实验室",该实验室集精密测量、反求技术与快速原形技术为一体,颇具先进性,进一步完善了工程训练中心教学体系和内容,走在了全国工程训练中心的前列。

2011 年,工程训练中心整体搬迁到沙河校区,根据实际需求工程训练中心决定取消原综合创新训练部和开放制作中心,在学院路校区成立综合创新开放基地。同年工程训练中心归入北航学院,组织机构保持不变。

### 3.1.3 工程训练中心的队伍建设

工程训练中心成立之初,机构设置可概括为"四部四室","四部"具体指切削加工实习部、成型工艺实习部、先进制造技术实习部和综合创新实习部;"四室"包含电子及自动控制实验室、环境保护实验室、金工教研室(含实验室)和中心办公室。以学院路校区"211"建设项目"实习基地"为主要办公及教学实践场地,共五层,其中一层为机加工及数控实习场地,二层为特种加工、钳工、数控编程室及自行车拆装实习场地,三层为自控及机器人实验室,四层为电子实习场地,五层为创意组合及控制系统实习场地(见图3-3~图3-7)。热加工实习场地也由原来的教学区迁入新场地。此时,工程训练中心铸造实习场地达200平方米,锻压实习场地150平方米,焊接实习场地100平方米,塑料成型实习场地50平方米。另外新开辟300平方米左右的创新训练及开放制作中心机加工场地,用于接纳创新训练实习及学生课外科技制作。

图 3-3 工程训练中心大楼

2000年3月按照人事制度改革要求,工程训练中心实行聘任上岗。原教师、实习指导人员全部参加竞聘,同时引进一批高素质的人才,这为以后的教学运行、教学改革和管理奠定了人员基础。

图 3-4　数控铣场地

图 3-5　数控车场地

　　2000 年 6 月工程训练中心作为独立设置的处级教学单位正式成立,由教务处直接管理,成为全校最大的实践教学单位。根据教学改革的需要和世界银行贷款的建设要求,工程训练中心对学生实习内容进行规划,并对部分新增实习内容进行试点,如"自行车拆装实习""摩托车发动机综合拆装实习"和"创新训练"(见图 3-8、图 3-9)。结合创新教学课程内容,工程训练中心组织了"机动车比赛",由学生自己动手制作了七八辆大小不同的机动车,并在期末组织了比赛。当一辆辆车子开动起来时,学生们兴奋不已。这一年,自 1997 年至 1999 年机械制造基础教学中心在校教改课题支持下开展的机械工程创新训练的试点工作取

图 3-6  铸造实习场地

图 3-7  钳工实习现场

得了良好的效果。2000 年 1 月把"综合创新训练"以及其他新的实习教学方案列入 2000 版的教学计划，校级教改项目"金工系列课程整体改革"中的"机械工程创新训练"实习改革获学校"长谷奖教金"二等奖；"摩托车发动机综合拆装实习"

获学校"西飞奖教金"二等奖；组织金工的教师在深入了解实习情况的基础上，经过多次研究讨论，对实习教案进行了全面整理，使之适应教学改革的需要，更加有利于提高实习教学效果。2001 年，中心"制造技术实习"课程以优异成绩被评为"校级优质课"。

图 3 - 8　自行车拆装实习现场

图 3 - 9　工程认识实习现场

2003 年 5 月"非典"时期,工程训练中心迅速做出整体工作调整,将疫情防控放在中心工作首位,并及时采取防疫措施:中心大楼每日进行较为彻底的卫生打扫;为每位职工购置防治"非典"药物及口罩;在保证教学质量的前提下尽量缩短教学时间,增加学生的室外活动时间,增强身体素质;在锻压和焊接实习中,新增了模具拆装课和胶接实习,丰富了教学内容,增加了学生动手实践的机会。

2003 年 12 月 26 日,学校正式发布《关于调整图书馆、工程训练中心内设机构的通知》(校党组函字〔2003〕11 号),宣布工程训练中心将原材料成型部与切削部合并,成立制造实习部;同时调整后的工程训练中心内设机构为:教学与培训部、电子与控制实习部、综合创新部、制造实习部、中心办公室。这一年,在北京市和全国大学生电子设计大赛上(见图 3-10),北航 15 支参赛队伍中有 13 支是由工程训练中心指导培训,先后在北京市比赛中获得一等奖 1 项,二等奖 2 项,三等奖 3 项;在全国比赛中获得一等奖 4 项,二等奖 1 项。

图 3-10　学生组队参加电子设计大赛现场

2004 年,工程训练中心将实践教学作为工作重点,在"十五"教学条件建设项目中投资 180 万元建设 4 个教学项目,同时新开设了电子、控制认识实习以及"电控课程设计""数控工艺师""数控技术基础"等理论课。全年完成总理论课程 412 班课时,涉课人数 3 966 人;完成校内外学生 8 441 人的实习实践,其中"工程认识"2 304 人,"制造技术实习"2 335 人,"综合创新训练"1 107 人,"电子工艺实习"2 130 人,校外实习 565 人等。"制造技术实习"课程列入学校精品课建设系列;"创新训练体系建设研究与实践"获得北航教学成果一等奖;"适应现代工业技术发展,建设面向新世纪'制造技术实习'"获得北航教学成果二等奖;"基础工程训练"列入学校重点建设的 6 门校管核心课之一;教师于维平出版《机械基础》教材一册;中心教师团队组织学生参加第一届全国大学生机械创新设计大赛,获得北京赛区一等奖 4 项、三等奖 5 项,工程训练中心获得大赛唯一的优秀组织奖,并在全国赛中获得三等奖 3 项;同年,学生创新训练作品在北航"冯如杯"竞赛中获得一等奖 2 项,二等奖 3 项,三等奖 4 个(见图 3 - 11)。以上各项成绩都是对工程训练中心工作的认可和肯定。

图 3 - 11  各类大学生竞赛所获奖杯

2005 年,工程训练中心在世界银行贷款"高等教育发展项目"以及"985 教育振兴行动计划(一期)"教学条件建设项目的支持下,取得了丰硕成果。8 月 20 至 21 日,由工程训练中心、南京工业大学运动控制研究所和中国人工智能学会联合主办的"2005 全国高校运动控制(机电控制)及工程训练中心建设研讨会暨 2005 中国人工智能学会智能检测与运动控制技术研讨会"在北航召开。在学校的核心课程体系规划和建设的基础上,为了深入强化大学生的基本素质教育,学校提炼出六门校级公共基础核心课程,其中包括工程训练中心的"基础工程训练",进一步巩固了工程训练中心的能力培养、素质教育的教学宗旨。围绕校级公共基础核心课程的建设,工程训练中心进入了从"以单纯的技能训练为主"到"深化工程素质教育"的改革建设阶段。2005 年 8 月,工程训练中心李喜桥老师主编的

《创新思维与工程训练》教材正式出版;工程训练中心部分教师指导的学生作品在同年北航"冯如杯"竞赛中获得二等奖 5 项,三等奖 4 项;学生科技作品中的 3 项申请了实用新型专利、1 项申请了发明专利。工程训练中心在改革创新工作上取得了不俗的成绩。

2006 年,工程训练中心因教学理念先进、教学体系完善、教学模式丰富、教学过程扎实、教学效果显著,被评为学校的"实验教学示范中心",进一步促进了工程训练中心的全面发展建设。同年,在学校的高度重视下,为推动校级公共基础核心课程建设和实验教学示范中心的建设,学校成立了"工程训练中心发展建设工作委员会",由教学副校长任主任委员。委员会以工程训练中心的"全校共同建设、共享资源(包括教学设施资源、师资资源、教学成果资源等)和共同发挥教学作用"作为指导思想,为解决工程训练中心发展建设中的关键问题、保证可持续健康发展,奠定了组织基础。围绕校级核心课"基础工程训练"的建设,学校立项了重点教改项目"基于校级核心课程基础工程训练要求的现行三层次教学体系的评价与重建"。同期,理论课程"机械工程引论"被评为"校级精品课"。

## 3.2　电子工艺实习起源及发展

### 3.2.1　电子工艺实习的起源

1986 年,电子工程系为了解决本系学生下厂实习难的问题,在校内建立了生产实习基地,带领学生在学校内装配电子工业产品。1987 年 10 月 26 日院长办公会决定,在电子工程系建立电子工厂。

1989 年学校在生产实习创造的硬件条件的基础上,扩建了实验室,称为电子实习基地(见图 3-12),为全校工科专业开设了电子实习课程,由电子工程系教师负责教学工作。1993 年至 1995 年期间,电子实习基地获得了北京市教学成果一等奖、"西飞奖"和"成飞奖"。1999 年开始,电子实习基地开始承担全国大学生电子竞赛培训工作。

2003 年电子实习基地以及全体教师一并纳入工程训练中心电子与控制实习

图 3－12　电子实习实验室

部。2004 年至 2007 年期间,电子与控制实习部主要开设"电子工艺实习(基本训练)""控制基础训练"等基础课程,同时开发了"单片机应用""三维实体设计""电控系统设计实践"等特色实践技术基础课(见图 3－13)。这些基础课程中,涉及仪器仪表使用、电子工艺训练和典型电子产品焊接调试、PLC 训练、气动实验、温度控制系统以及单片机应用等教学内容。同时,电子与控制实习部相关教师积极参与并指导学生多次参加了全国和北京市大学生电子设计大赛,取得较好成绩,并 4 次获得校级教学成果三等奖。

图 3－13　工程认识(自动控制)授课现场

### 3.2.2 电子工程技术训练的发展

2008 年"电子技术训练"课程被评为北京市精品课程。同年,为了建设"基础工程训练"课程体系中的控制技术训练平台,成立了以电子部为主体的跨部门课题项目组,申请了校级重点教改项目"'控制工程技术训练'课程建设可行性研究(2009.5—2012.5)",最终成功研制出"CTS1600-Ⅰ控制技术综合实验系统"。2010 年,控制技术训练平台硬件设施、课程文件建成,大规模开展学生训练,并在当年获得校教学成果一等奖。2011 年,"电子实习"课程更名为"电子工程技术训练"。2012 年至 2017 年,电子部积极探索新的教学模式和教学内容,期间申请并完成了多项校级教改项目,并分别在 2014 年已研制出的"CTS1600-Ⅰ控制技术综合实验系统"在"第三届全国高等学校自制实验教学仪器设备评选与优秀作品展示活动"中获得一等奖,在 2016 年获得校级教学成果二等奖。

2018 年至今,电子工程技术训练教师组结合多年教学经验积极探索教学内容改革,于 2021 年立项了"'传感器技术+项目驱动'电子工程技术训练课程教学改革研究"校级教改项目并优秀结题。在理论基础知识方面,新增了电路图绘制、先进的电子工艺技术、常见传感器知识等;在实践项目方面,引入模块化传感器实验平台(见图 3-14、图 3-15),开发扩展了更丰富的实验案例项目,项目灵

图 3-14 电子技术实训室

活且实现了多学科领域的融合,可满足课程多层次教学的需求。经过多轮试验和调整使教学内容逐步成熟,进而完善和更新了电子工程技术训练实验指导书。在这些基础的积淀下,"电子工程技术训练"课程于 2021 年获得院级"一流本科课程"建设立项。

**图 3-15 电子技术实训设备**

## 3.3 在全国高校首次提出三层次教学体系

在北京市重点教改课题(课题名称:工程实践教学体系的建立)的支持下,在世界银行贷款"工程训练中心项目"建设的基础上,建设和完善了"机、电、控、管"多学科综合的具有航空航天特色的以制造技术为平台的工程训练中心。围绕基地的建设和教改项目的进行,工程训练中心在基地建设指导思想、实践教学体系、课程建设以及对外交流等方面取得了一系列创新成果。

工程训练中心在校内工程实践教学具有重要的地位,经过广泛调研、认真研究制定基地建设指导思想:以培养学生工程实践能力、系统综合能力与创新意识,使学生建立起具有设计、制造、环境、市场和管理的大工程意识和初步工程能力,满足现代社会人才的需要为建设目标。

工程训练中心包含了现代制造业的基本要素,是覆盖机械、电子、控制、环境、信息、管理的完整的,各方面有机结合的实践教学基地。为学生提供一个可以亲身参与,全面体验的现代工程学习环境。此外,设备仪器还要有足够的数量以满足工程训练"量大、面广、人人动手"的要求。

## 3.3.1　三层次教学体系提出背景及内容

工程实践教学是高等院校,特别是理工科院校本科教育重要的组成部分,贯穿大学生的整个培养过程。训练内容应分层次、按模块化设置,遵循人类认知的客观规律,与理论教学有机结合,适应不同专业、不同层次的个性化人才培养需求。

工程训练中心实践教学内容包括机械、电子、控制、环境、管理,包含现代制造业的基本要素;工程训练中心为学生提供一个能够施展聪明才智,发挥自主性,实现其创新设想的课外科技实践基地;工程训练中心在培养学生工程实践能力和提高学生创新意识方面发挥重要的作用。

根据建设指导思想对原有的"金工实习""电子工艺实习"等课程的教学内容进行整合,并新创建了"工业认识实习""综合创新训练"等必修课,以及"单片机应用""三维实体设计""电控系统设计实践"等全校选修课。经过几轮的运行和改进,在全国高校中首次提出了分层次、按模块"认识–训练–创新"三位一体循序渐进全新的工程实践教学体系,并建设了相配套的课程体系。该课程体系采取课内外结合、必修选修结合、涵盖机械、电子、控制等教学领域,适应不同专业、不同层次个性化人才培养的需求。

实践教学体系分为三个层次:

- 工业认识实习　　　（一年级）
- 基本训练　　　　　（二年级）
- 综合及创新训练　　（三年级）

其中,"工业认识实习"主要针对大学生工程知识不足的弱点,通过参观讲解、演示和亲自动手,了解典型机械的构造、运动原理,典型零件的结构、材料,对机械制造过程有一个初步的、全面的感性认识。对机电产品的电气原理、控制方法、功能以及各种元器件有一个初步了解,积累一定的感性认识,在好奇心的驱动下,进入下一步学习,例如开设的自行车拆装实习和机械制造工艺参观。

在"基本训练"中,让学生学习基本工艺技术,包括常用机床的特点、加工范围及基本操作规范,工、量具使用,常用仪器、仪表的使用,电子产品制作工艺等。掌握基本概念和基本原理,了解各种工艺特点、应用范围和机电产品制造过程,了解常用控制的方法、原理,掌握控制元器件和基本控制单元的功能和应用。

综合及创新训练,是在学生完成了基本训练和掌握了相关的理论课程后,为其提供在实践中综合运用各种知识,结合自身能力培养其工程素质的机会。在计划内的实践教学环节之外还设立了开放制作中心,面向全校各年级学生,为广大学生课外科技制作、参加课外科技竞赛提供制作条件。

## 3.3.2  "三层次"教学体系改革发展

随着"三层次"训练模式以及教学体系的提出及深入应用,国内越来越多的兄弟院校工程训练中心学习并借鉴经验,开始在各自高校中推行"三层次"的训练模式及教学体系,并取得良好的成绩。在此后较长的一段时间内,国内高校工程训练实践教学模式一直以三层次、分阶段、模块化的课程体系为实践主体。据不完全统计,截至 2018 年,全国 38 个"国家级工程训练示范中心"承担工程类实践教学任务的主干课程为"工程训练",在教学体系建设中,构建了各具特色的"多层次"的教学平台和"多模块"的教学体系。

工程训练中心结合各个时期国家以及学校对实践教学工作的期望及要求,不断调整并丰富"三层次"教学体系,使其更加适应时代以及学校的发展。目前工程训练中心形成了较为全面、系统的面向本科一至四年级学生实践教学体系(见图 3-16),覆盖本科所有年级的"多层次"工业认识实习—工程训练Ⅰ—工程训练Ⅱ—工程训练Ⅲ—专题研究实习教学平台以及"多模块"工程认识实习、制造工艺基础实习、综合性工程能力训练、创新创业能力训练的教学体系,与时俱进、总结经验,在实际教学过程中不断调整和完善,使之更加适应现代高校实践教学现状。

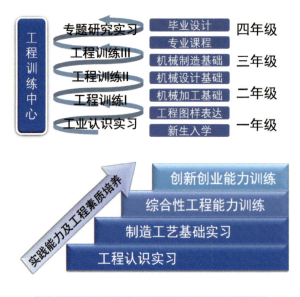

图 3-16  改革后的三层次教学体系模式

# 3.4  在全国高校领先发展综合创新训练

1998 年 6 月起工程训练中心开始进行创新训练试点工作,由学生自主设计、自编工艺、自己动手加工进行创新训练。该创新训练极大地激发了同学们的创造热情,取得了多方面的收获。对于树立创新意识,培养创新精神,提高创新能力起到了积极的作用,同时也培养了学生团队精神和协作能力。此后不久,综合创新训练正式列入北航机械类院系教学计划,每年有 1 000 余学生参加。据不完全统计,2001 年至 2006 年间,学生共自主设计制造出机械和机电产品 400 余件,在学校"冯如杯"大学生竞赛上,有多项创新作品获奖(一等奖 2 项、二等奖 12 项、三等奖 16 项)。

2008 年工程训练中心全面扎实推进"国家级实验教学示范中心"的建设工作。中心所提出的"层次化、机电控多学科交叉"综合创新训练平台建设的现代工程训练内涵建设思想与其实践成果,学校培养目标的总体建设思路、实践教学载体的设计思想在全国性和地区学术会议上广泛传播,以上对示范中心建设起到了"思考深刻"的作用,为后续"国家级实验教学示范中心"全面验收工作做了早期铺垫。

工程训练中心克服教师紧缺的困难,高质量、高效率地完成各项教学任务,全年累计完成理论课教学 658 学时,包括"加工工艺学""工程材料""机械工程引论""材料与加工"等课程。相应实验课程(金工实验)完成 223 次,计 446 学时。面向全校理、工、文、管各类专业,按层次化教学设置了不同阶段的实践教学课程,包括工程认识、制造技术实习、电子技术实习和综合创新训练。

目前,工程训练中心教学团队根据国家以及学校对学生创新训练提出的更高要求,深入探索"课赛结合"创新模式的优势,扩大创新教育的覆盖面,提升创新实践教育的质量和途径,将原来单一的"综合创新训练"课程升级分为"综合创新实践"以及"科技创新实践"两门课程。通过打造多类别相融合的科技创新平台,依托平台开展有组织、有系统、实践性强的创新实践教育。同时,加强校内、校企合作,引入国家级、市级以及校级各类别大学生竞赛题目,充实项目来源。

# 4 中心全面综合改革探索阶段

## 4.1 新时期全面探索综合改革

### 4.1.1 综合改革建设背景与理念

通过对世界工程教育的发展现状调研了解,麻省理工学院作为世界高等工程教育的典范,为保持在世界高等工程教育界的领先地位,于 2016 年启动了新一轮工程教育改革——"新工程教育转型"(New Engineering Education Transformation,NEET),制定和实施了世界领先的本科生工程教育改革项目,旨在培养引领未来产业界和社会发展的领导型工程人才。为促进改革的顺利进行,保持 NEET 的领先性和导向性作用,麻省理工学院特对世界一流工程教育现状进行了调查研究,对全球 18 个国家 50 位工程教育领域的顶尖专家进行采访,并深入剖析了 4 所未来几十年引领世界高等工程教育发展的"未来引领机构"高校(新加坡科技设计大学、伦敦大学学院、查尔斯特大学和代尔夫特理工大学)改革案例,并于 2018 年 3 月形成了具有重要影响的《全球一流工程教育发展现状》咨询报告。报告指出未来高等工程教育的发展趋势是以多学科融合的实践项目来引领知识架构的形成,并在创新中培养学生自主学习的能力,而未来工程教育的课程设置以面向社会发展与工程需求为原则,持续关注以用户为中心的设计、以技术为主导的创业精神、积极的项目学习和工程的严谨性等,这对我国高等工程教育改革和新工科建设具有重要的指导价值。

目前,国外工程类大学实践教育课程体系设置主要呈现"综合化、跨学科、重实践"的趋势,加拿大多伦多约克大学主要以探究证据为谜底的多维度实践教学模式。美国斯坦福大学专门设有产品实现实验室,同时开设有工程设计与制造、注射成型、铸造成型等传统类课程以及自行车框架设计与制造、可交付成果、木材设计与加工等特色类课程。美国宾夕法尼亚大学的机械工程学院以机器人竞赛的形式开展实践类创新课程，通过教师指导讲解基础课程，学生动手制作机器人，学生搭建场景进行比赛，最终成绩由比赛结果与学生实践过程综合评判决定。

从 2006 年起，我国教育部在全国范围内启动了为期 5 年的"高等学校本科教学与质量工程"（简称"质量工程"）项目，高校本科实验教学建设进入全面建设阶段，作为综合性工程实践教学新模式载体的工程训练中心的建设也由此进入了快速发展时期。实施"质量工程"项目期间，全国大多数的理工科院校都建立了工程训练中心。作为学校主要的工程实践实训基地，面向更多的理工科专业，并且大多都成为所在高校内规模最大的校级实验教学中心。2010 年之后，各大高校工程训练中心都在顺应时代变化，寻求探索工程训练中心的发展新路。

2017 年 6 月 22 日，学校发布《关于成立北航学院的通知》（北航党政办字〔2017〕52 号）文，经十六届党委第 16 次常委会审议决定，成立北航学院，为学校的二级单位，下设综合办公室、学生工作部、教学工作部，原工程训练中心并入北航学院教学工作部，工程训练中心主任由北航学院常务副院长兼任，设工程训练中心副主任 2 人（副处级），这对中心来说是一个重大的历史转折点。

工程训练中心立足当前国内工程教育的发展，在国家以及学校的指导下，落实立德树人根本任务，努力培养可担当民族复兴大任的时代新人，培养"德智体美劳"全面发展的社会主义建设者和接班人，开启探索全面综合改革。以新身份为起点，从教学工作入手，在工程训练中心先后组织了 5 轮教学改革讨论，在综合各方面意见后初步形成"以典型产品为载体，多种技术相融合"以及"个性化方法设计与研究"两条教学改革思路。在实际课程改革中综合两条思路，实现工程训练的模式变革，由现在的碎片化的技能培训，向综合性、开放性、研究性、个性化的工程能力、创新能力培养转化。

## 4.1.2　中心机构改革

2021 年，工程训练中心大规模综合改革后，对管理机构（包含办公室、理论部、制造部、电控部、加工服务部、创新部)做了进一步调整。

为构建工程训练中心对重要事项进行"集体领导、分工负责、个别酝酿、会议决定"的决策机制,促进决策的科学化、民主化,保证党的路线、方针、政策在工程训练中心的贯彻落实,根据有关规定,并结合工程训练中心工作实际,在工程训练中心内设立中心办公会、中心工作会制度。凡属重大决策、重要人事任免、重大项目安排和大额度资金运作(简称"三重一大")事项必须由中心办公会领导班子集体做出决定,统一上报学院党政联席会,审议通过方可执行。中心设置的各部门之间相互合作、协调反馈,共同维护中心的稳固运行。

### 1. 办公室

办公室主要负责中心基本运行保障,包括人事、教务、财务、行政、党务、设备采购、管理和维护以及信息化建设、工会、离退休等工作。

### 2. 理论部

理论部的前身是金工教研室,建校初期金工教研室归属于制造系。2003 年重组为教学培训部(简称"教学部"),2006 年更名为理论教学部(简称"理论部")。理论部目前主要承担"工程材料""加工工艺学""机械工程引论"课程的理论和实验教学工作。多年来理论部教师以培养创新型、实践型师资为目标,在教学与课程建设方面不断改进方式方法,取得了良好的效果。

### 3. 创新部

创新部主要负责校内必修课程"工程认识""综合创新训练"以及沙河高校联盟选修课程"走进 5G 引领的智慧世界""人工智能理论与应用实践""北斗卫星导航系统的应用与实践""手术机器人的理论与实践"和"未来无人机系统的理论与实践"的管理与运行,并承担 5G、人工智能、北斗、机器人和无人机 5 个工程创新实验室的日常管理工作以及"创将工坊"学生社团的运行管理工作。

### 4. 制造部

制造部前身是机械厂实习车间,始于建校初期,工程训练中心成立后设置部门为制造部。现主要承担本科生"机械工程技术训练""工程认知与训练(信息类)"课程。制造部现有教职工 30 余名,以技能型工人为主,实践经验丰富;现有设备 1000 余台(套),最多可同时接待 240 名学生。

### 5. 电控部

电控部是在北航电子实习基地的基础上发展而来的,目前主要承担"电子工程技术训练"的理论与实践教学。电控部现有教职工 7 名,绝大部分老师都具有十年以上的实践教学经验;现有设备 500 余台(套),最多可同时接待 200 名学生。

### 6. 加工服务部

加工服务部原为综合创新开放基地,负责创新实践相关的教学组织和管理及场地预约服务等。提供机械类实践教学,开放共享毕设、竞赛,项目创新、科研等机械加工服务。现有设备:普车、普铣、坐标钻、摇臂钻、线切割、3D 打印、激光切割、数控车、加工中心等。

# 4.2　工程训练中心教学条件建设

工程训练中心 1999 年成立之初,世界银行贷款工程训练中心建设项目计划投资 1 000 万人民币,一期到货价值约 400 万人民币,其中金工设备有 210 万元人民币,包括立式加工中心、数控冲床、线切割机床、注塑机以及车床、铣床、磨床等。在学校配套资金的支持和北航海尔的赞助下,引进了全套 CAXA CAD/CAM 软件,构建了由编程室、立式加工中心、数控车床、数控铣床、线切割机床组成的局域网络 CAD/CAM 系统。这些设备的投入增加了先进制造技术在基本实习中的比例,提高了中心实习教学的整体水平。

2007 年,在学校后勤管理处、实验室及设备管理处、教务处的大力支持下,工程训练中心的教学环境和教学条件进一步得到改善:新建了 4 个多媒体教室;顺利完成与"综合创新训练"课程和学生科技活动相配套的"开放制作中心"以及机械制造基础"拉伸和冲击实验室"的搬迁和改造工作等。

2009 年 11 月 26 日,北京航空航天大学沙河工程训练中心工程开工典礼在沙河校区举行,标志着沙河校区工程训练中心的建设工作正式拉开了帷幕(见图 4-1)。2011 年,北航沙河校区建筑面积为 11 080 平方米的工程训练中心实验楼正式竣工。

2011 年上半年,工程训练中心开始了由学院路校区向沙河校区的搬迁工作,

图 4-1　北航沙河校区工程训练中心工程开工典礼

这是一项前所未有的工作。工程训练中心教职员工又一次表现出顾全大局、团结协作、坚毅顽强、能打硬仗的工作作风。8月12日基本清空学院路校区工程训练中心大楼。暑假期间制造部大部分教职工连续工作,加班加点调整安装机床设备。9月13日至9月30日,全工程训练中心投入到二次搬迁的紧张繁重工作中,确保顺利完成搬迁任务。10月19日,北京航空航天大学副校长王建中验收沙河校区第一阶段基本建设情况,重点视察了工程训练中心的投入使用情况。同年工程训练中心进行了部门调整,取消"综合创新训练部"和"开放制作中心",在学院路校区成立"综合创新开放基地"。

2012年,工程训练中心开始对沙河校区搬迁后场地进行繁重的设施完善和条件建设,主要包括教学条件配套建设、基础设施完善、网络信息化建设、文化环境建设。年底前通过了"国家级实验教学示范中心"验收,"突显工程教育通识性、实践性和创新性,探索工程训练课程新体系"获得了北京市教学成果二等奖。

2017年7月初,在接到校领导布置的学院路校区综合创新基地搬迁到沙河校区任务后,领导班子高度重视,各部门积极响应、密切配合,立即开始策划场地搬迁调整方案,对搬迁费用进行询价,仅用一周时间就制定出了初步方案,并呈送相关部门。11月,在北航学院常务副院长曹庆华主持下,对搬迁方案进行了深入讨论,并进行了多次修改完善。在校领导同意了对教学影响最小的搬迁方案后,立即联系设计院进行实训车间改造方案设计,并积极联系招标采购管理中心,提前启动比选程序,在学生结课后就开工以争取时间,为下学期开学前完成搬迁尽最大的努力。

2018年1月15日按计划完成了设备搬迁及车间改造工程的比选程序,在课程结束后立即开始了沙河校区工程训练中心车间、房间的改造工作。工程训练中心领导和创新部、制造部、办公室的老师利用寒假休息时间,积极协调、密切配合施工单位进行车间改造,保证了2月底设备搬迁的顺利完成,共搬迁设备312台(套),3月21日将学院路校区场地移交给规资处,圆满完成了创新基地搬迁工作。工程训练中心大力支持了学院路校区北区建设,是北区首个搬出单位。在搬迁的同时,确保了"综合创新训练"课程在沙河新教学场地按时开课,做到完全没有影响正常的教学工作。

2020~2021年,为进一步强化沙河高教园区共建共享平台功能,促进优质教学资源共享,深化"政产学研"合作,在北京市教委、市财政局、昌平区委区政府指导下,沙河高教园区管委会和学校"双一流"建设支持工程训练中心联合腾讯、华为、中国交通通信信息中心、北京电信、沈阳新松机器人等企业合作共建"北斗""无人机""机器人""5G""人工智能"等5间校企联合创新实验室,并开设5门校企合作工程创新与实践课程。对5间创新实验室进行整体全面的环境改造,总使用面积约600平方米,形成各具特色的实验环境。购置北斗指挥机、北斗应用终端、无人机动力系统测试台、六自由度协作机器人、5G核心网服务器、人工智能创新云、智慧教室设备、实训管理平台等300余台(套)教学设备和系统。实验室配备智慧教学设备可实现移动教学、远程互动教学、双屏教学、研讨型教学、直播、录播等功能。面向沙河高教园区7所高校开设工程创新与实践课程,推动优质教学资源在沙河高教园区联盟高校之间共建共享,形成新型教学生态圈,提升沙河高教园区创新实践教学水平,提高人才培养质量。

北斗创新实验室(见图4-2)与中国交通通信信息中心以及电子信息与工程学院合作,开设"北斗卫星导航系统的应用与实践"课程,以北斗在行业的综合创新应用为目标牵引,通过搭建北斗创新实验综合展现与验证系统,让学生直观快速掌握卫星导航系统原理、组成与应用的基础知识。通过"芯片→模块→应用终端产品"展示卫星导航信号到实际应用的全过程;通过开展北斗行业赋能创新项目实践,激发学生对航空航天事业的浓厚兴趣。

图 4 - 2 北斗创新实验室

无人机创新实验室(见图 4 - 3),与北京天峋创新科技有限公司、郑州兰旗航空器材制造有限公司和航空科学与工程学院合作,开设"无人机制作与竞技""未来无人机系统的理论与实践"课程,通过构建学生合作研究模式,组建跨专业学

图 4 - 3 无人机创新实验室

生团队,突出学生自主学习、个性化学习和体验式学习。以挑战世界极限的创新型无人机原理样机研发为目标牵引,以提升综合素质为核心,选拔具有浓厚兴趣和发展潜质的本科生,进行拔尖创新人才的高投入、超常规创新实践的能力培养。

机器人创新实验室(见图4-4)与沈阳新松机器人自动化股份有限公司、机器时代(北京)科技有限公司和机械工程及自动化学院合作,开设"手术机器人的理论与实践"课程,以实现高挑战性的机器人手术操作为目标牵引,聘请校外医学、计算机图像学、机器人学等专家联合授课,显著提升学生深度参与科技创新项目研发的获得感,快速掌握最前沿的工程计算和实验方法,提升对工程研发的直观、全面了解,激发学生对于智能机器人事业的浓厚兴趣。

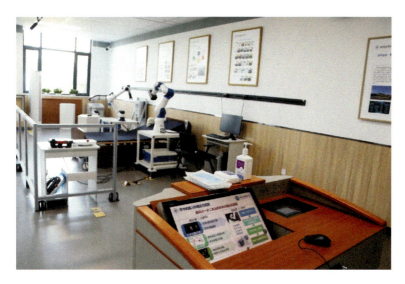

**图4-4　机器人创新实验室**

5G技术创新实验室(见图4-5)与华为、中国电信、北京威视锐科技有限公司和电子信息与工程学院合作,开设"走进5G引领的智慧世界"课程,以面向5G应用的高难度系统工程为目标牵引,通过讲解5G基础知识、搭建基于5G的超高清视频传输和大规模工业物联网应用系统,使学生建立全程全网的系统思维,掌握搭建移动通信系统,并且构建真实业务创新应用场景的能力。

人工智能创新实验室(见图4-6)与腾讯、中科院软件所、北京主线科技有限公司和计算机学院合作,开设"人工智能理论与应用实践"课程,以人工智能领域

图 4-5　5G 创新实验室

图 4-6　人工智能创新实验室

的创新性算法及应用为目标牵引,以人工智能重要分支——计算机视觉为课程
主线,涵盖数据处理、知识表示、机器学习等人工智能理论、方法、算法,并结合微
信小程序开发、应用服务后台开发等工程创新实践内容,激发学生对"信息驱动、
空天创新"的浓厚兴趣。

# 4.3　工程训练中心实践教学改革

## 4.3.1　全面推动中心实践教学改革

2008 年工程训练中心将教学改革作为全年工作重点,由电控部和制造技术部合作实施的教改项目"电控实践教学用电梯模型研发制作",产品设计工作顺利完成并进入加工装配阶段。项目的完成进一步完善了工程训练中心"机电控多学科交叉"训练平台的建设,使教学组织工作更加合理。控制技术训练实现规模化教学,在全国控制技术训练方面取得领先优势。

2009 年工程训练中心紧扣学校工作的主题,以学校第十五次党代会报告"锐意创新、科学发展,建设空天信融合特色的世界一流大学"为指导,努力营造和谐发展的工作环境,稳定保工作,科学谋发展。在工作中始终以工程训练中心的进取和发展为责任,不断学习和探索工程训练教学的先进理念和模式以及科学的管理方法,努力在困境中寻出路,促进改革谋求发展。全年共完成教学工作量655 573 人时,其中理论教学 91 245 人时,实践教学 564 328 人时。

在实验教学示范中心建设的大背景下,突出"基础工程训练"课程体系建设,全面推进工程训练中心实践教学改革工作,教学改革项目"'控制工程技术训练'课程建设可行性研究"获学校重点教改项目立项。教学改革项目"控制技术实习实验室建设自制设备的研发",按照预期目标顺利推进,其中关键教学设备研发工作取得阶段性成果,即完成了"CTS1600 - Ⅰ控制技术综合实验系统"的定型与10 台制造量的目标,为基于"基础工程训练"所设计的三大工程训练平台的建设奠定了坚实的基础,以早日实现在北航建立大规模学生控制技术训练平台和创新工程训练模式,走在全国工程训练的先进行列。

2013 年,工程训练中心将工作重点落实到教研教改工作以及教学条件建设上,在取得不俗成绩的同时,大幅度改善了工程训练中心教学环境以及教学条件。"'先进制造技术训练'教学改革与实践"和"加强控制工程技术训练的研究与实践"获批校级重点教改项目;数控、3D 打印、精密测量的拓展实习改革应用于教学实践,取得了满意效果,在实现传统制造技术与现代制造技术兼顾的道路上迈出了可喜的一步;电子技术训练个性化教学取得了一定进展,更好地帮助学有余力的学生发挥和提升综合能力;"液位监控界面设计与实验装置"的研发为推进控制技术实习时对学生"少讲多练"发挥了切实作用;大规模学生控制技术实习的组织和管理实现了进一步优化;继续探索和完善"单片机/PLC 智能控制系统设计"全校选修课;同年教学仪器的研制取得一定进展。

2014 年,工程训练中心继续将工作重点放在教学改革及教学条件的改善上。教学团队提出的"分类分层次工程基础课程体系建设"研究课题,获得学校重大教改项目的资助;校级重点项目"'先进制造技术训练'教学改革与实践"获得阶段性成果。在传统制造方法与工艺技术的优化,先进制造技术的强化,建立传统制造技术与先进制造技术相结合的、高效的分类分层次的金工实习课程体系,以上三个方面均获得突破性进展。实践教学方面制定了"先进制造技术训练"教学大纲,将数控车、数控铣实习内容进行了移植和变更,增加了"对刀、模拟"等教学环节。高速切削和多功能四坐标联动数控机床参观演示教学设计与实验、快速成型技术实习教学和自动编程教学设计与实验、数控三坐标测量技术实习教学设计与实验等新内容逐步应用到日常教学中。

经过各方努力,工程训练中心与两家企业达成校企合作意向,并将实际加工过程直接应用于"工程认识"课程中,开阔了学生的视野、使其真实体验先进加工技术,改变了在以往教学过程中指导教师对着不工作的加工设备去介绍设备功能的课程组织模式,极大地丰富了教学内容,取得了良好的教学效果。

同年 11 月 7 日至 12 日,在成都举办的"第三届全国高等学校自制实验教学仪器设备评选与优秀作品展示活动"上,由中心教师完全自主开发并在"控制技术训练"课程中使用的教学设备"CTS1600-Ⅰ控制技术综合实验系统"作为北航唯一的参展设备,在 275 件参展作品中脱颖而出,获得了一等奖(见图 4-7),即"最具推广价值作品奖"(全国共 20 个),这一殊荣从侧面肯定了工程训练中心教学改革的方向以及内容。12 月 27 日至 28 日,中心《综合创新训练》课程作品在"北京市第三届大学生工程训练综合能力竞赛"获得一等奖 3 项和二等奖(二等奖排名第一)1 项,并直接获得代表北京市参加 2015 年 6 月 8 日举办的第四届全国大学生工程训练综合能力竞赛的资格,以上作品最终在全国比赛中斩获一等奖 1 项,二等奖 1 项。

(a) 获奖代表

(b) 展示现场

图 4-7 "CTS1600-Ⅰ控制技术综合实验系统"获奖现场

2015 年学校重点教改项目"'先进制造技术训练'教学改革与实践"和"加强控制工程技术训练的研究与实践"顺利通过验收。继续推进学校重大教改项目"分类分层次基础工程训练研究与实践",该项目主要对现行教学体系和内容进行改革,适应学校总体教学改革的需求,取得了阶段性的成果。如初步尝试了"产品建模—优化设计(仿真分析、3D 打印原型)—(数控)加工实现"模式的试运行,在提高学生综合能力方面效果良好;尝试了校企合作的新模式,该模式对数控机床等设备的现场指导教师的培养以及实践教师队伍的建设具有突破性推动作用,也是对实践教师队伍建设的创新性尝试;同时,校企合作有效地降低了实习成本,化解实习成本高、难以为继的困境,特别是针对先进加工设备,设备资源得到有效利用,在工程训练中发挥重要作用。教改项目"基于 CDIO 的控制技术工程训练"获得学校教学成果三等奖。工程训练中心杨伟群老师出版《3D 设计与 3D 打印》教材一本,全年中心教师发表教学、科研论文 10 余篇。

同年,工程训练中心承担学校信息化建设项目"实践实验教学管理信息化管理系统建设"1 项。继续推动实践实验教学管理信息系统的开发建设,经过两个学期的测试、试用,主要核心功能已经具备使用条件。

2016 年工程训练中心校级重大教改项目"分类分层次基础工程训练研究与实践"顺利结题。在电子技术教学改革中,新开"无人机制作与竞技"课程,继续进行个性化、差异化教学的探索,受到沙河校区本科一、二年级学生的好评。

## 4.3.2 探索教学系统及课程内容改革

2017年工程训练中心教学改革围绕先进制造技术训练、校企合作模式探讨、电子技术训练、综合创新训练展开。

### 一、先进制造技术

先进制造技术（数控、3D打印、数字化建模等）训练作为课题的重要内容，在教学形式和内容上做了尝试。如图4-8所示，通过对现行教学内容的研究，对先进制造技术内容（图中方框内容）进行了重点规划与建设。为了形成规模化的教学内容，提高实习的难度，工程训练中心教师进行了研究型制造技术实习的内容研究，主要过程为：建模（CAD设计、反求、三坐标测量）—3D打印—数控加工，尝试以复杂航空零件作为加工载体，将设计、优化、数控制造联成一体，突出加工精度，注意加工精度手段的应用，形成加工制造的完整工程链（见图4-9），体现个性化、研究性教学，以求突破制造技术实习"碎片化"和"认知实习"的诟病。

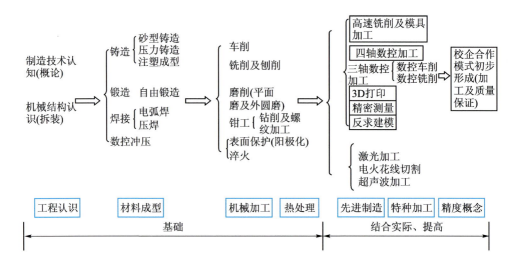

**图 4-8 制造技术实习内容的分类分层**

通过项目的实施，优化传统实习内容，强化先进制造，强调精度概念，建立模块化实习单元，学生可根据自己的需要及学分要求自由选择。目前，对机类和非机类学生提供机械工程技术训练A、B两个套餐，最终实现基于实践实验教学管理信息系统自主选择实习模块，适应完全学分制。

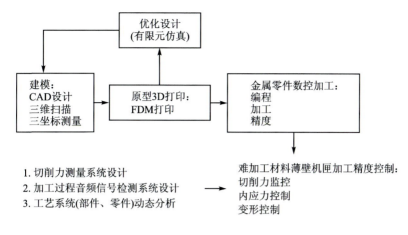

研究型制造技术实习探索

图 4-9  加工制造的完整工程链

## 二、探索校企合作

制造技术教学改革的另一个内容是进行校企合作的探索,以寻求在师资队伍建设、丰富教学质量、与实际工业应用相结合等方面获得时效,提升现有教学质量,从而提升学生实习的教学效果。项目实施中采用企业工程师带着实际工件、必要的工具,利用中心的设备和现有教师一同完成实际航空航天类零件的数控程序设计、加工(精度保证)等,取得了阶段性的成果(见图 4-10),同时发挥了设备的效能,丰富了《工程认识》课程的教学内容。

通过校企合作,与工厂工程技术人员相互配合共同解决生产中的问题,使参与实习的指导教师(特别是年轻教师)技术和技能水平都得以提高。校企合作模式满足教学与科研要求,还培养了一批数控机床等设备的现场指导教师。

企业产品进入学校的同时,丰富实践经验的工程技术人员也随之进入工程训练中心,他们既是生产者,也是担负着现场实习学生的指导教师,是对工程训练指导教师不足的有益补充,对实践教师队伍的建设具有突破性推动作用,也是对实践教师队伍建设新的尝试。

在工程训练中心的建设中,学校在先进制造设备上投入了大量资金,但其利用率偏低,其中一个突出的原因是实习的成本问题。随着校企合作的展开,部分费用由企业负担,实习成本大大减小,化解了实习成本高的困境,特别是先进加工设备在工程训练中发挥积极的作用。

图 4 - 10　校企合作的产品

### 三、电子工程技术训练内容的教学改革

如图 4 - 11 所示,电子技术实习是当时工程训练中心教学改革的重点实施方向,其改革的基本思路是,从基本模块到个性化模块,结合"单片机原理与应用"和新开设的"无人机制作与竞技",实现理论教学与学生实践课同时进行,根据课程进度完成相应的内容,并实现差异化教学。理论学习＋学生自选为主＋固定模块为辅(优秀项目固化再提高),满足不同学生需要。学生作品连续获得大学生创新创业训练计划优秀成绩,如 2017 年学生作品"手势识别人机交互装置""生活能收集系统"获得优秀成绩。

在以上教学实践的基础上,根据学生科技创新的迫切需求,特别为沙河校区学生开设了专门的"无人机制作与竞技"课程供其选择,受到学生欢迎。

### 四、综合创新训练的内容扩展

综合创新训练的内容在原来基础上进行了扩展,内容更加丰富,从原来的单一产品设计类课题、程序设计的控制类课题类型,向电子类和综合类课题发展,后者已进行了两轮实验,证明是可行的。

**图 4 - 11　电子技术实习与差异化教学研究**

　　为了提升题目的难度,以四旋翼无人机(直升机)为研究对象,包含了多种技术元素,如多旋翼飞行器制作涵盖了机械技术、电子技术、信息技术、飞行操控等多个专业领域,是综合性工程训练很好的教学载体,也是学生喜欢的一个素材(沙河校区为主)。综合创新训练的另一扩展方向就是加大课题的研究内容,激发学生科学探索的兴趣(见图 4 - 12(b)～(d))。这两方面的探索和实践,为下一步教学改革做了必要的探索。

(a) 多旋翼飞行器制造设计(电子类)

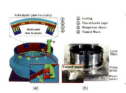

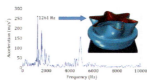

(b) 机匣加工技术研究

**图 4 - 12　学生研究类课题实验**

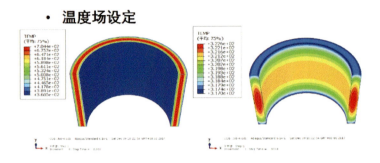

分别为初始温度场和降温后温度场，图例单位 k

(c) 学生研究最后答辩截图(低应力加工技术研究)

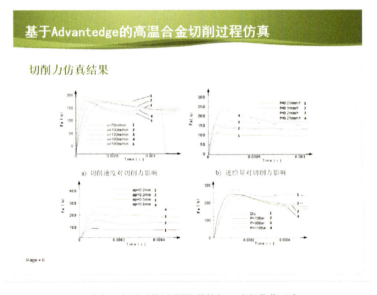

(d) 学生研究最后答辩截图(数控加工路径优化研究)

**图 4 - 12   学生研究类课题实验(续)**

　　2018 年教学改革围绕"建设成以完整教学体系为基础的满足大多数学生需求的基础性教学与创新、创业的创客空间相统一的工程训练体系"展开。建设兼顾"基础性"与"先进性"的完整工程训练教学体系,兼顾"量大面广"与"精英教学";建立与综合性工程训练教学体系相适应的新型师资队伍建设模式。基于以上的教学改革理念和教学目标设定教学改革的总体路线图如图 4 - 13 所示。

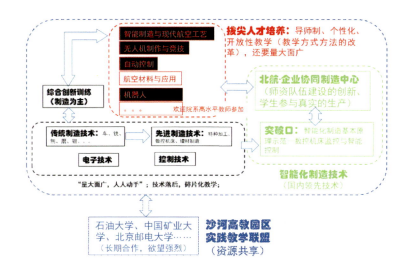

**图 4-13　教学改革总体路线图**

对原有的"综合创新训练"进行深入的教学改革,包括两个方面:一是建设机、电、控、材料科学多学科及其相互融合的多个教学模块,体现"互联网＋"、智能制造等先进技术;二是建设支撑以上教学模块的相应的实验室,具备个性化、创新性、开放性的现代实验室特质,同时创新教学质量评价体系。

2019 年工程训练中心将工作重点落到深化综合改革及探索新型教学模式等相关工作上。开展同行听课,确保改革过程中的教学质量。开展本科课堂教学政治纪律专项检查,确保课堂教学秩序。加强教师培训,先后安排 8 人次教师参加"全国工程训练教学指导委员会"会议、"国家级实验教学示范中心运行管理与可持续发展"研讨会、"高校实验教学示范中心建设改革暨实践教学质量提升"研讨会、"工业和信息化部部属高校工程训练中心主任联席会"、北京—江西两地区"高校工程训练教学学术年会"等相关会议,对教师进行学习培训。根据学校两校区布局规划,信息大类学生全部回归学院路校区学习(避免学生在两校区之间往返),工程训练中心调整"工程认知与训练(信息类)"课程教学安排,将分散在各工种中的安全教育与设计环节等理论讲解部分集中安排成理论课程;将各工种中的参观演示部分改为虚拟演示与录播视频,组织部分远程教师直播进行实时操作。理论讲解部分在学院路校区通过录播与虚拟仿真、远程全景高清视频实时互动直播方式进行;现场实践部分采取轮换模式,学生直接到实训室操作与实践。加强工程创新与实践环境建设,强化沙河高教园区共建共享平台功能,优化高校人才培养、科技创新、学科建设等领域协同发展机制,推进高校教育教学与社会实践相结合,共建人才培养合作平台。

### 4.3.3 开发教学辅助平台及系统

2019年工程训练中心课程围绕智能制造系统平台开发、工程材料课程改革、加工工艺实验平台建设展开。

#### 一、智能制造系统平台开发

工程训练中心重点建设了智能制造系统平台,促进实践教学信息化,兼顾基础与前沿,体现"互联网+"等要素和特征,深入加工制造技术核心,充分体现智能制造本质和元素。智能制造系统平台包括智能工厂监控系统(见图 4-14)、刀

(a) 智能工厂监控系统

(b) 单个设备实时状态管理

(c) 车间管理综览

图 4-14 智能工厂监控系统界面

具状态监控系统(见图4-15)、加工过程智能控制系统三部分,改善了数控浅表化教学现状,进一步提升了实践教学支撑能力。

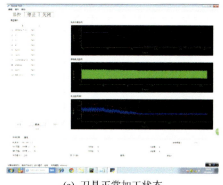 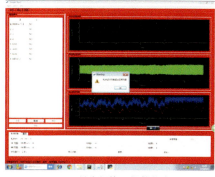

(a) 刀具正常加工状态　　　　　(b) 刀具磨损换刀报警状态

**图4-15　刀具状态智能监控系统界面**

智能工厂监控系统:可直接采集数控系统数据,通过数据分析可实现实时监控、设计过程追溯、提质增效、精准管理、排产优化、信息云共享等,是广泛适用于数控加工设备总体运行的智能管理系统,让学生了解智能制造在航空航天、国防生产中的应用。

加工过程智能控制系统:自主学习工艺数据,记录机床的运行状态,并与工艺程序一一匹配,通过科学的数据分析方法,对设备负载、振动等影响因素进行实时分析,得出当前最佳切削工艺参数,并进行自主修正,调整实现最佳的工艺流程、最佳的切削参数、最佳的切削节拍,同时可实现对刀具及设备的有效保护,并提高加工件的加工尺寸精度。

刀具状态智能监控系统:以加工过程的工步为单元,实现刀具加工过程的自学习,并形成刀具非工作状态(磨损、破损)边界条件(阈值),当刀具达到磨损(或破损)极限时,自动发出报警信号,替代目前主要由操作工人凭经验(刀具磨损时发出的噪音)辨别或在大批量生产时设定固定刀具寿命的方法。该智能监控系统实现刀具状态的智能监控和主动报警,降低了生产成本,更好的保证产品质量和生产效率。

在教学过程中的应用:升级数控加工实习,让学生了解智能制造的基本原理,并通过某些具体的深度功能的实现,使学生了解智能制造的具体实现方法和算法,实验现场如图 4 - 16 所示。符合工业技术的发展方向、也符合工程训练教学改革的方向。

图 4 - 16　实验现场

## 二、基于 MDP 与 VR 的工程训练辅助教学模式的研究

虚拟现实操作平台环境的构建已完成,而软件平台则采用开源的软件环境虚幻引擎(Unreal Engine,UE)作为平台开发的软件引擎,该引擎能够提供一个完全开源的编程环境,教学和非商业免费使用,学生可以借助此平台进行系统的进一步开发,同时在虚拟环境中搭建 UE 能够呈现更逼真的渲染效果,提升学生体验模拟现实内容的沉浸感,UE 操作界面与编译界面如图 4 - 17 所示。硬件平台采用 HTC Vive(HTC Vive(见图 4 - 18)是由 HTC 与 Valve 联合开发的一款虚拟现实头戴式显示器产品)作为硬件,该设备具有精准的定位效果,较高的分辨率(1 280×1 080),能够有效地降低网格效应。同时,UE 对 HTC Vive 设备提供良好支持。

钻床的虚拟样机模型的构建已完成,了解钻床的结构并掌握钻床的操作规程后,在 Solidworks 环境下创建钻床的虚拟样机模型,导入 UE 环境,实现钻头旋转、进给等运动。

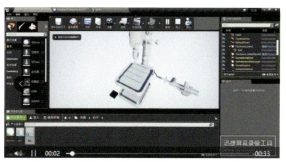

(a) 钻床UE操作界面

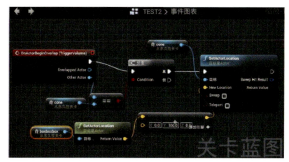

(b) 钻床UE蓝图编译

**图 4 - 17    UE 操作界面与编译界面**

**图 4 - 18    HTC Vive 虚拟现实眼镜设备**

VR+MOOC 虚拟环境的搭建已完成,包含 VR 动画与教学音频两个部分,VR 动画用于机床演示,指导教师将钻床的操作流程与规范录制成音频,作为虚拟环境中的指导旁白,钻床一系列操作在虚拟环境中通过音频的讲解结合相应的运动动画体现,如图 4 - 19 所示。在整个过程当中,学生需要佩戴 VR 眼镜、耳机,操作手柄仅用于调整场景的视角,并不能操作平台。该环节时长约 3 分钟,目的是让学生了解钻床的操作规程。

(a) 钻床虚拟现实操作规程体验          (b) 钻床虚拟现实环境模型

图 4−19　VR＋MOOC 教学环节

### 三、"案例教学＋问题驱动"在"工程材料"课程中的应用研究

为了培养学生的工程意识,在课堂教学中融入案例式教学,构建了案例资源库,共计二十多个教学案例。案例的教学实施通过以下三种形式:① 引导型,利用工程案例导入知识点,吸引学生注意力,提高学生的学习乐趣;② 工程认知型,教师讲完知识点后,引入工程案例或工程问题,用刚学到的知识来分析工程问题,强化学生对所学知识的理解;③ 工程应用型,以工程设计应用为导向,结合所学知识,分析工程问题,提出解决方法。三种教学形式层层递进,逐步加强学生的工程意识。

### 四、"加工工艺学实验"课程的 MOOC 建设

MOOC 建设中完成 6 个微视频的制作、上传并正式开放教学,具体包括:

① 尺寸误差的测量——用万能测长仪测量塞规外径;

② 形状误差的测量——用节距法测量车床导轨直线度;

③ 位置误差的测量——用百(千)分表检测零件的平行度、圆跳动误差;

④ 车刀角度的测量——认识车刀几何角度及其测量方法;

⑤ 车刀量角仪的构成及演示测量车刀角度过程;

⑥ 螺纹的测量——用小型工具显微镜测量螺纹塞规的中径、螺距、牙型半角。

学生通过视频学习完成实验课,初步构建起"线上＋线下"的混合教学模式(见图4-20)。

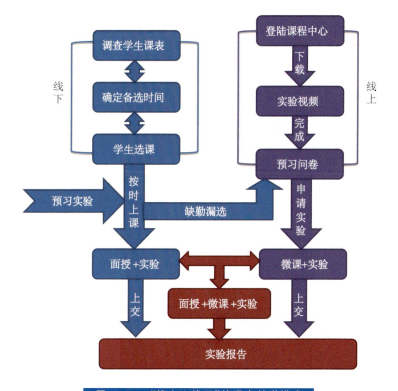

图4-20　"线上＋线下"的混合教学模式

2019年为深化教学改革,加强课程建设,规范教学管理,学校决定启动本科各专业教学大纲修(制)订工作,工程训练中心借此机会对所承担的课程进行全面梳理,并在征求相关专业学院意见的基础上,对全部17门课程的教学大纲进行了修订,突出了规范性和高质量要求,全面提升课程的教学质量。

## 4.3.4　升级教学载体及硬件建设

2020年工程训练中心教学及课程改革围绕校企联合实验室建设及课程建设、"机械工程技术训练"新实践教学载体开发、"工程认知与训练(信息类)"课程两校区授课系统建设展开。

### 一、5门校企合作共享工程创新实验课程建设

工程训练中心在合作企业和专业学院的支持下,共同开设了5门校企合作

共享工程创新与实践系列课程,具体包括:"北斗卫星导航系统的应用与实践""未来无人机系统的理论与实践""手术机器人的理论与实践""走进5G引领的智慧世界"和"人工智能理论与应用实践"。上述课程均采用"工程训练中心—专业学院—合作企业"教师团队联合指导的方式,为学生搭建真实的创新实践环境,突出学生的自主学习、个性化学习和体验式学习,培养学生发现问题、勇于创新、团队协作和解决复杂工程问题的综合能力,并于2020年秋季学期完成开课试点。

### 二、"机械工程技术训练"新实践教学载体开发

工程训练中心顺利完成了"机械工程技术训练"新实践教学载体"神舟"飞船模型(见图4-21)的开发,并通过课程试运行。

(a) 学生作品1　　　　　　　　　　(b) 学生作品2

图4-21　新实践教学载体"神舟"飞船模型

### 三、"工程认知与训练(信息类)"课程两校区授课系统建设

工程训练中心完成"工程认知与训练(信息类)"课程两校区授课视频直播系统的建设,并顺利开课。理论讲解部分在学院路校区通过远程全景视频直播方式实现(见图4-22),现场实践部分在沙河校区通过实际动手操作实现。

这一年,工程训练中心克服疫情影响,积极开展线上教学,组织教师录制教学视频、审核和在线答疑,确保"停课不停学",圆满完成全部教学任务,最终获批"一流本科课程建设"立项校级1门、院级1门;"劳动教育示范课"立项1门;"课程思政示范课"立项1门;5项校级教改项目完成验收;申请并获批"校级优秀教学成果奖"二等奖2项、三等奖1项。

(a) 直接系统数据采集设备　　　(b) 沙河校区实操现场　　　(c) 学院路校区直播现场

图 4-22　两校区授课视频直播系统

2021年教学改革围绕沙河高教园区开放共享工程实践与创新基地建设、深化校企联合实验室建设及课程建设、机械工程技术训练新实践教学载体的开发、思政和劳动教育等展开。工程训练中心课程"综合创新训练"获批1项校级劳动教育精品课程;该课程在课堂讲授和实践环节均融入课程思政和劳动教育元素,提高对学生的五育融合教育效果。

### 四、建设沙河高教园区开放共享工程实践与创新基地

由沙河高教园区管委会通过申请市级奖补资金,与学校按照开放共享理念依托于工程训练中心共同建设。基地完成了空间装修改造和信息化设施建设,打造了体系完善、环境舒适、管理人性化、实践过程可视化、教学资源共享的训练场所,面向高校及周边中小学开放。

### 五、建设5门校企合作共享工程创新实验课程

经过多轮次授课,反复打磨5门校企合作共享工程创新实验课程,总结课程经验,发挥教学优势,已于2021年秋季正式开课,每学年两轮次可容纳300人,其中40%学生规模可开放给联盟高校。

### 六、"机械工程技术训练"新实践教学载体开发

总结"机械工程技术训练"新实践教学载体"神舟"飞船模型试运行的经验,结合学生的反馈完善模型设计和教学环节的安排,并于2021年秋季实现大规模教学运行。

综上所述,工程训练中心力求打造集"工程基础类＋基础理论类＋工程教育类＋工程认知类＋综合实践类＋创新平台类"课程为一体的综合实践教学课程

体系,以适应和满足国家"新工科"教育和学校大类培养需求,拓宽学生工程视野、扩大创新教育覆盖面、提升实践教育质量,不断满足现代大学生"创新、实践、劳育"的实践教学要求。

# 4.4 深化课赛结合模式改革

2002 年开始工程训练中心在教学工作上采取了突破性的改革措施,把"综合创新训练"与学生科技竞赛活动大面积结合起来,积极动员学生组队参加学校的"冯如杯"学生科技竞赛;随后逐渐开始组织学生参加"全国大学生电子设计大赛""北京市机械设计创新大赛""全国机械设计创新大赛"等科技竞赛。组织学生参赛不单以获奖为主要目的,而是希望通过鼓励学生参赛给工程训练中心教学团队设立一个更高的指导目标,同时提高学生的学习兴趣和动手能力,使学生取得更大的收获,图 4-23 所示为学生编写的课程技术文件。

图 4-23 学生编写的课程技术文件

2003 年 3 月,工程训练中心依托"工程创新训练"课程面向全校三个院系2000 级本科生举办学生"爬楼车"比赛。前期,参赛作品需要学生自行设计、计算,编制相应加工工艺,并亲自动手制作,加工、组装和调试。后期由工程训练中心相关教师指导及评审团队审查设计方案、批改设计图纸和工艺规程,对学生进行全面指导。同期还举办了"重力势能车"比赛,学生可利用势能原理,制造各种类型的势能车参与竞赛。以上活动旨在培养和锻炼学生的创新意识和工程实践能力。此类课程在全国高校中属于首创,中央电视台科教频道派摄制组拍摄了比赛全过程(见图 4-24),制作并播放了"爬楼车比赛"专题节目。

图 4-24 "爬楼车"比赛现场

2007 年工程训练中心教学团队在"综合创新训练"课程的带动下,组织开展各类学生课外科技活动,如积极参加校级、北京市级及国家级各类大学生竞赛、学校 SRTP 计划、"教育部大学生创新训练项目"等。竞赛获奖累计 30 项;受到学校 SRTP 资助 19 项;2007 年共向学校推荐 3 项"教育部大学生创新训练项目",全部通过学校评审。在教务处的支持下,工程训练中心继续组织、培训全国"飞思卡尔"智能汽车大赛、机械创新设计大赛、"慧鱼"创意大赛、电子设计大赛,并且在多项赛事上获奖。结合学校的大学生科技创新基地建设计划,工程训练中心积极筹划机械创新设计大赛训练基地的建设,并协助筹划"飞思卡尔"智能汽车大赛训练基地的建设。

2008 年工程训练中心指导开展的学生课外科技活动也取得了傲人的成绩:

① 按照教务处的统一部署建设了机械、电子、自动化、仪器光电等相关院系老师参与的"机械创新设计基地",并组队参加了首都"第四届机械创新设计大赛"(见图 4-26),共获得一等奖 3 项、二等奖 4 项、三等奖 3 项、成功参赛奖 3 项以及优秀组织奖;

② 在《综合创新训练》课程的基础上，部分作品参加学校一年一度的"冯如杯"学生科技竞赛，获得二等奖 3 项，三等奖 5 项；

③ 在 SRTP 项目上，共获得学校支持 15 个项目，北京市级支持 1 个项目，国家级支持 2 个项目；

④ 工程训练中心陈博老师指导并带队参加"第三届全国大学生飞思卡尔智能汽车竞赛"，学校两支代表队获得全国总决赛一等奖，是我校参加历届比赛中获得的最好成绩。

为迎接 2013 年全国大学生工程训练综合能力竞赛，在坚持学生受益面的原则下，工程训练中心精心组织、激励教师投入、利用暑假加班，在北京市选拔赛中获得佳绩。在教务处专项支持下，借助新扩建的"综合创新训练基地"平台，依托"综合创新训练"课程，工程训练中心组织 30 支学生队参赛，最终 4 支队伍入围市级比赛，并全部获得北京市一等奖。

图 4 - 25　2012 年北京市大学生工程训练综合能力竞赛北航获奖学生代表

2014 年 12 月 26 日至 27 日，由工程训练中心组织、指导的 4 支代表队参加了由北京市教委主办、清华大学和北方工业大学承办的"北京市第四届大学生工程训练综合能力竞赛"。经过激烈的角逐，北京航空航天大学 4 支代表队共获得一等奖 1 项和三等奖 3 项，获得一等奖的代表队在全部 62 支参赛队中排名第一，并在全国赛中获得三等奖 1 项。

(a) 参赛人员合影

(b) 蓝牙避障小车比赛现场

**图 4 - 26 北京市第四届大学生工程训练综合能力竞赛现场**

　　2016 年 12 月 24 日至 25 日,工程训练中心组织学生参加 2016 年北京市教委主办的"北京市第五届大学生工程训练综合能力竞赛"(见图 4 - 27),工程训练中心组织、指导的 6 支代表队参加了"S"组、"8"组和自控组全部项目的比赛,经过激烈的角逐,我校共获得一等奖 4 项和二等奖 2 项,并且有两支代表队获得代表北京市参加全国比赛的资格。在工程文化知识竞赛中,我校代表队也以第一名的成绩获得一等奖,教师指导团队获得学校教学成果三等奖。

(a) "S"字形绕障比赛现场　　　　(b) "8"字形绕障比赛现场

(c) 参赛人员合影

**图 4 - 27　北京市第五届大学生工程训练综合能力竞赛现场**

　　2018 年 12 月 8 日至 9 日,"北京市大学生工程训练综合能力竞赛暨第六届全国大学生工程训练综合能力竞赛北京赛区选拔赛"在北京建筑大学举行。来自 17 所高校的 88 支代表队,共计 370 余名师生参加了比赛。由工程训练中心组织、指导的 6 支代表队(见图 4 - 28)参加了所有项目的比赛,经过激烈的角逐,共获得一等奖 2 项、二等奖 3 项、三等奖 1 项的好成绩,并且在"8"字组以第一名的成绩,获得参加全国赛的资格(见图 4 - 29、图 4 - 30)。在工程文化知识竞赛中代表队也喜获二等奖。工程训练中心将比赛与《综合创新训练》课程结合,成立竞赛指导委员会,配备 10 名指导教师,全程指导各参赛队方案设计、加工、装配、调试,组织实施校内比赛。

**图 4 - 28　2018 年北京市大学生工程训练综合能力竞赛北航代表队**

**图 4 - 29　"8"字无碳小车**

2020 年 9 月 26 日至 27 日,"第十届北京市大学生机械创新设计大赛"采取线上答辩和产品展示的方式在京举行。本届比赛的主题是"智慧家居、幸福家庭",北京地区 20 余所高校近千名学生参加。我校工程训练中心组织、指导来自能源与动力工程学院、机械工程及自动化学院、可靠性与系统工程学院、宇航学

图 4 - 30　"S"字无碳小车

院等多个学院的 44 名同学所组成的 10 个参赛队,经过激烈的角逐,共获得一等奖 3 项(见图 4 - 31)和二等奖 5 项。11 月 21 日至 22 日,众所期待的"中铁工业杯"第九届全国大学生机械设计大赛如约而至。由工程训练中心两位优秀青年教师史成坤、孙治博老师指导下的参赛作品"多功能助力椅"斩获全国比赛一等奖(见图 4 - 32),实现了我校全国大学生机械创新设计大赛的历史性突破。

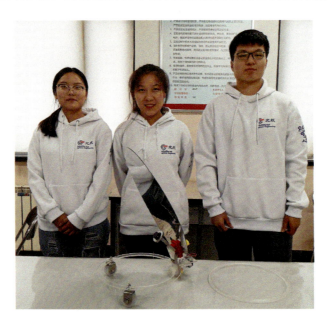

图 4 - 31　一等奖获得者与获奖作品"地下室全自动自然光采集装置"

**图 4 - 32　一等奖"多功能助力椅"小组学生答辩场景**

2021 年由工程训练中心教师独立指导的学生团队首次参加"第二十三届中国机器人及人工智能大赛",最终共获得北京赛区二等奖 3 项,并全部入围国赛。在同年 12 月进行的全国赛中"全地形摆臂轮式机器人"(见图 4 - 33)获得"全地形小车设计制作竞赛"一等奖,"轮爪转换机构多环境适应机器人"(见图 4 - 34)获得"机器人类创新赛"三等奖。

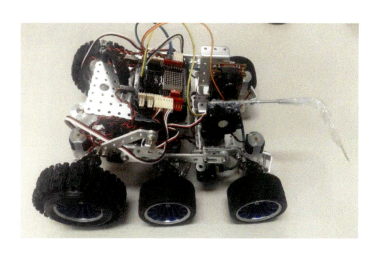

**图 4 - 33　全地形摆臂轮式机器人**

2022 年 7 月 2 日至 3 日,在"第十一届北京市大学生机械创新设计大赛"上,由工程训练中心联合机械工程及自动化学院组织、指导来自多个学院 82 名同学组成的 18 个参赛队,经过激烈的角逐,共获得一等奖 10 项、二等奖 6 项和三等奖

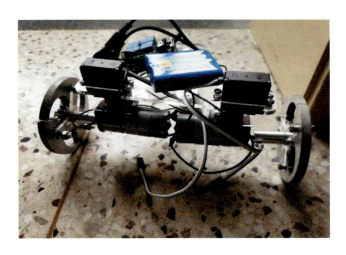

图 4 - 34　轮爪转换机构多环境适应机器人

2 项的好成绩(见图 4 - 35),一等奖中有 4 支参赛队获得代表北京市参加全国总决赛的资格。本次比赛中,我校一等奖数量位列北京各高校之首,创下我校在本项比赛中的最佳成绩,并且 10 支获奖队中的 9 支由我工程训练中心教师指导。

图 4 - 35　仿寄居蟹变胞轮式机器人

　　近年来,工程训练中心深度发挥"课赛结合"的优势,将各大赛事作为学生提高"工程实践、动手操作、综合创新"能力的平台和契机,鼓励学生积极参赛锻炼。

　　"中国大学生工程实践与创新能力大赛"作为教育部高教司主办的三大赛事

之一,是教育部重点支持的十八个比赛项目之一。我校学生在工程训练中心的组织下,在此项比赛中获奖丰硕,截至 2021 年底,已获得国家金奖(一等奖)4 项、银奖(二等奖)3 项、铜奖(三等奖)6 项,北京市特等奖 12 项、一等奖 28 项、二等奖 16 项。

"全国大学生机械创新设计大赛"经教育部高等教育司批准成立,由教育部高等教育司发文举办的全国理工科重要课外竞赛活动之一。其主要目的在于引导高等学校在教学中注重培养大学生的创新设计能力、综合设计能力与团队协作精神;加强学生动手能力的培养和工程实践的训练,提高学生针对实际需求进行创新思维、机械设计和制作等实际工作能力;吸引、鼓励广大学生踊跃参加课外科技活动,为优秀人才脱颖而出创造条件。据统计,我校学生在往届总的获奖情况为国家一等奖 1 项,国家二等奖 3 项,北京市一等奖 25 项,北京市二等奖 44 项,北京市三等奖 27 项,其中绝大多数的获奖团队指导教师来自工程训练中心。

"中国机器人及人工智能大赛"作为一项历史悠久,影响广泛的全国性学科竞赛。作为"中国人工智能学会"最早主办的竞赛之一,大赛已为我国培养了大量"能动手""敢创新""善协作"的复合型人才。工程训练中心指导学生首次参赛即获得国家一等奖 1 项、国家三等奖 1 项和北京市二等奖 3 项。

# 4.5　国内外交流

多年来,工程训练中心一直高度重视对外交流工作,争取机会举办各类学术交流会,并鼓励工程训练中心教职工参与学术交流会议及走访调研,了解国内外工程教育以及国内工程训练的发展情况。

2003 年 5 月,"华东高校工程训练教学学会"在召开教学改革和基地建设研讨会之前派人考察了全国重点高校,特邀北航介绍"工程创新训练"。9 月"教育部机械基础课程指导分委员会"金工课指组在成都召开"全国范围的工程训练改革建设研讨会",也邀请了北航做大会发言,介绍"工程创新训练"。部分学校专门派人前来了解和学习"工程创新训练"教学方法和过程,许多学校也开始开设类似的实践课程。

2008 年 5 月工程训练中心牵头组织召开了"工信部部属 7 所高校工程训练中心教育教学研讨会"(特约 4 位教指委委员参加),重点研讨了工程训练教学改革中的继承与变革问题;11 月教育部高教司组织的"国家级实验教学示范中心建设系列报告会"成都分会(见图 4-36),会上专门作了"北京航空航天大学工程训练国家级实验教学示范中心建设报告",报告直接针对全国高校工程训练中心建设发展中备受关注的核心问题以及北航的举措,得到了预期的积极反响;12 月工程训练中心面向全体教职工召开了"工程训练国家级实验教学示范中心建设研讨会",增强认识、统一思想、明确任务。

图 4-36  工程训练中心国家级示范中心建设研讨会

2014 年 5 月 24 日,"北京市高等教育学会金属工艺学研究会 2014 年会"(见图 4-37)在学校沙河校区工程训练中心召开,中心教职工积极参会,围绕会议课题进行了多次讨论,共发表会议论文 4 篇。

2015 年 12 月 12 日,"工信部部属高校工程训练中心建设与教学改革研讨会"(见图 4-38)在我校工程训练中心召开,来自西北工业大学、哈尔滨工程大学、哈尔滨工业大学、北京理工大学、南京航空航天大学、南京理工大学工程训练中心的同仁和我校"工程训练中心"主任王亮分别就工程训练中心建设、现状和发展等做了报告。

图 4-37 "北京市高等教育学会金属工艺学研究会"2014 年会留影

图 4-38 工信部部属高校工程训练中心建设与教学改革研讨会

　　随着工程训练中心建设全面改革取得的成效逐渐显著,中心参加对外交流活动层次及接待校外团队来访逐年增加。据粗略统计,仅 2019 年全年共接待兄弟单位和北京市教委、沙河高教园管委会、良乡高教园管委会等外单位来访调研10 余次。7 月 8 日上午,工程训练中心圆满接待北京市委副书记、市长陈吉宁来中心调研,指出在工业 4.0 背景下,实践育人建设要积极引入先进智慧制造等技术,提升大学生科技创新能力。

　　为了更深入地了解各兄弟院校"工程训练中心"的发展情况,工程训练中心改革论证小组在中心副主任兼党支部书记齐海涛、副主任韩永鹏的带领下,先后于 2018 年 9 月、2020 年 12 月、2021 年 3 月以及 2021 年 7 月赴上海交通大学学生创新中心、清华大学基础工业训练中心(见图 4-39)、北京理工大学工程训练中心(见图 4-40)以及沈阳航空航天大学工程训练中心(见图 4-41)调研学习,座谈内容涉及工程训练教学现有课程体系及与之适应的实践平台建设情况、教学信息化、教学模式、师资队伍建设、人事制度改革等,并对各实习车间和实践场地进行实地参观。

图 4-39　赴清华大学基础工业训练中心调研

图 4-40　赴北京理工大学工程训练中心调研

图 4-41　赴沈阳航空航天大学工程训练中心调研

# 5 工程训练中心党建及工会工作发展

~~~~~~~~~~~~~~~~~~~~~~~~~~~~~~~~~~~~~~~~~~~~~~~

## 5.1 党支部发展历程

北京航空航天大学工程训练中心党支部自 1999 年成立以来,先后经历了机关党委领导下的党支部、直属党支部以及北航学院教师党支部三个阶段,并在各级党组织的领导下,狠抓党支部思想建设工作,关注党员政治思想教育,组织开展各类学习活动,提高党员政治觉悟,增强党员和教职工的政治鉴别能力,全面提升党员和教职工综合素质。立足学校"尚德务实、求真拓新"的办学理念,围绕工程训练中心主体工作,党、政、工会三者配合共同谋求中心建设与发展。

### 5.1.1 机关党委工程训练中心党支部

1999 年经校长办公会批准成立北京航空航天大学工程训练中心,作为学校直属的一个教学基层单位,工程训练中心的负责人由学校直接聘任。工程训练中心党的组织机构于同年隶属于北京航空航天大学机关党委领导,由张兴华担任党支部书记,工程训练中心党的建设从此迈向新的里程。

2005 年党支部委员会改选,由李运华担任党支部书记。同年,因工作需要李运华调离工程训练中心,党支部委员会再次改选,由胡殿明担任党支部书记。

### 5.1.2 工程训练中心直属党支部

北京航空航天大学工程训练中心直属党支部成立于 2010 年 1 月 19 日,由胡殿明同志担任第一任党支部书记,任期至 2011 年 3 月。同年 5 月,由马鹏举同志担任第二任党支部书记。2012 年 6 月,党支部改选支委,第三届党支部委员会由书记马鹏举、副书记韩永鹏、组织委员齐海涛、青年委员李烨、宣传委员崔剑等五位同志组成。同期，工程训练中心党支部荣获"2010—2012 年优秀'党日'活动"以及"2011—2013 年度先进党支部"。

2016 年度，北京航空航天大学工程训练中心直属党支部共有正式党员 27 名，支委委员 5 名，分别为支部书记马鹏举、副书记韩永鹏、组织委员齐海涛、宣传委员崔剑、青年委员李烨。在 7 月北京航空航天大学七一表彰中，齐海涛同志荣获校优秀共产党员（见图 5-1）。

图 5-1　齐海涛同志"校优秀共产党员"荣誉证书

2017 年度，北京航空航天大学工程训练中心直属党支部共有 27 名正式党员。1 月 17 日，工程训练中心直属党支部全体党员开展选举中心直属党支部委员会，马鹏举、韩永鹏、李烨、崔剑、邱玉婷等 5 名同志入选。同日支委会召开第一次会议，会议上经讨论确认：支部书记马鹏举、副书记韩永鹏、组织委员兼党务秘书邱玉婷、宣传委员李烨、青年委员崔剑（见图 5-3）。3 月 7 日，工程训练中心直属党支部召开支委会，各支委讨论并确认邱玉婷同志兼任纪检委员。随后，分别在学院路校区及沙河校区组织召开了党支部民主生活会（见图 5-4）。

同年 9 月 16 日，党支部书记马鹏举带领 13 名党员同志来到中国革命红色教育基地——狼牙山五壮士纪念馆参观学习，接受革命爱国主义教育。9 月 17 日，党支部组织党员同志参观西柏坡纪念馆和中共中央旧址，缅怀先烈，不忘初心，牢记使命。

图 5 - 2　工程训练中心直属党支部党课学习现场

图 5 - 3　2017 年度工程训练中心直属党支部支委成员

　　2018 年工程训练中心直属党支部共有正式党员 23 名。5 月 31 日，党支部组织全体党员开展学习十九大精神现场答题测试；同日党支部为消除安全隐患，组织全体党员对防洪通道的杂物进行清理。在 7 月北京航空航天大学七一表彰中，邱玉婷同志荣获校优秀共产党员（见图 5 - 5）。

图 5-4　党支部民主生活会学院路会场(左)及沙河会场(右)

图 5-5　邱玉婷同志"校优秀共产党员"荣誉证书

　　这一年,党支部将深入学习贯彻党的十九大精神和习近平总书记系列重要讲话精神作为全年工作要点,确立了"缅怀先烈伟绩,不忘初心,牢记使命"外出学习交流活动主题(见图 5-6)。9 月 14 日至 15 日,党支部组织党员赴河北乐亭参观李大钊同志故居和纪念馆,缅怀为了祖国统一和民族解放而抛头颅洒热血的革命先烈;9 月 16 日,赴河北唐山参观唐山大地震遗址公园和地震博物馆,体会现在幸福生活的来之不易。12 月 26 日,党支部联合学校教务处第一党小组共同举办主题党日活动(见图 5-7)。

(a) 参观白洋淀雁翎队纪念馆

(b) 参观河北雄安新区

图 5-6　党支部外出参观学习

图 5-7　与教务处第一党小组共同举办主题党日活动

## 5.1.3　北航学院工程训练中心教师党支部

2019 年 6 月 24 日,由黄海军副校长宣布撤销原工程训练中心直属党支部转入北航学院党委,同时成立北航学院工程训练中心教师党支部,成立伊始共有 22 名正式党员。6 月 25 日,党支部召开党员大会,采取无记名投票方式和差额选举办法,选举产生第一届支部委员会委员:支部书记齐海涛、副书记郝继峰、组织委员邱玉婷、宣传委员李烨、纪检委员韩永鹏(见图 5-8)。

同年 7 月,在北京航空航天大学七一表彰中,党支部获评学校党建工作"样板支部"培育创建单位,党支部"基层互访抓党建,聚焦教学谋发展"荣获学校2019 年度"基层党建优秀工作案例"三等奖(见图 5-9)。

为了庆祝中华人民共和国成立 70 周年,党支部重点加强党员理想信念教育,落实意识形态工作责任。9 月 29 日,特组织党员集体观看红色爱国主义电影

图 5 - 8　北航学院工程训练中心教师党支部成立

图 5 - 9　党支部 2019 年所获荣誉

《决战时刻》(见图 5 - 10);10 月 12 日,党支部联合学院机关支部集体参观北京香山革命纪念馆(见图 5 - 11),并召开主题教育座谈会,学习革命先烈为中国人民的解放事业艰苦奋斗的革命精神;10 月 30 日,党支部组织党员开展志愿服务,帮助工程训练中心进行实验室调整各类设备等搬运整理工作;11 月 23 日,为了让教职工更直观、更全面地了解北航的发展历程以及成绩硕果,党支部组织全体教职工参观"今日北航"主题展览(见图 5 - 12);11 月 27 日,党支部组织教职工观影《小巷管家》。

2020 年度,北航学院工程训练中心教师党支部共有 21 名正式党员。由于新型冠状病毒的影响,工程训练中心党支部第一时间确立了"线上线下"相结合的党支部学习路线,先后多次组织开展线上"战'疫'专题微党课"以及线下"学习日"系列活动(见图 5 - 13)等。

**图 5-10  党支部成员观看红色爱国主义电影《决战时刻》**

**图 5-11  参观北京香山革命纪念馆**

　　党支部成立以来始终重视入党积极分子的培养工作,4 月 29 日支部召开了党员大会,经过考察一致通过积极分子李畅同志转为发展对象的决议,并于 6 月 24 日召开党员大会正式接收李畅同志为党支部预备党员(见图 5-14)。11 月 4

图 5 - 12　参观"今日北航"主题展览

图 5 - 13　线上开展战"疫"专题微党课(左)以及线下党课学习活动(右)

日,党支部与北航学院机关党支部共同在线观看金灿荣教授关于当前中国外交和中美关系讲座(见图 5 - 15)。

本着鼓励和督促党员更好地践行"为人民服务"的根本宗旨,党支部成员讨论并一致通过在支部内设置党员先锋岗的决议,并于 11 月 24 日专门召开党员大会进行"2021 年度党员先锋岗"颁发仪式,杜林坡、李志珑、郝继峰、邱玉婷、李烨、孙英蛟、赵雷获得该荣誉符号(见图 5 - 16)。

(a) 发展对象讨论大会　　　　　　　　(b) 预备党员接收大会

图 5 – 14　李畅同志发展讨论及接收为预备党员支部大会

图 5 – 15　集体观看金灿荣教授关于当前中国外交和中美关系讲座

　　2021 年度北航学院工程训练中心教师党支部共有 23 名正式党员。为了庆祝中国共产党成立 100 周年,党支部聚焦庆祝"建党百年"主题主线,以新时代中国特色社会主义思想为指导,大力弘扬红船精神,全面贯彻新时代党的建设总要求和新时代党的组织路线,将党史学习教育作为党支部全年工作指导方向。

　　4 月积极组织全体教职工尤其是青年教师阅读《论中国共产党历史》《中国共产党简史》等五本党史及《浴血荣光》等红色文学书籍,引领大家了解中国共产党的辉煌历程,并从中汲取"不畏艰难,勇夺胜利"的红色养分,不断激励"不负韶华,砥砺前行"的进取斗志。4 月 14 日邀请工程训练中心现年 92 岁的离休老党员、长篇传记文学《时传祥》一书的作者、曾与同事用创收为学校建起一栋金属工艺教学楼的马自天老先生,为全院教职工带来"我与党,我与北航的故事"专题讲座,和大家分享"我与党一起成长,为吾校育人树才"的精彩人生。4 月 21 日,开

图 5-16 图中人物从左到右依次为赵雷、郝继峰、李烨、杜林坡、李志珑、邱玉婷

展"红色之旅,书海扬帆"读书沙龙系列活动之阅读分享活动。5 月 26 日成功举办党史知识竞赛决赛(见图 5-17),在工程训练中心掀起党史学习的教育热潮。

图 5-17 党史知识竞赛

6 月 24 日,召开党员大会一致通过预备党员李畅同志转为正式党员(见图 5-18)。7 月 13 日至 14 日,精心组织 36 名教职工赴延安大学泽东干部学院

开展为期两天的"传承红色记忆,探索发展新路"党史学习教育专题培训(见图 5-19、图 5-20)。培训期间,全体学员先后走访了梁家河知青旧居、宝塔山、延安革命纪念馆、枣园革命旧址、为人民服务广场、延安北京知青博物馆。本专题培训荣获北京航空航天大学 2019—2022 年度优秀"主题党日"活动。

图 5-18　李畅同志转正大会

图 5-19　支部党员聆听七一讲话

9 月支部为每位党员采购《中国共产党组织建设一百年》书籍,便于全体党员利用个人时间开展自学;9 月 26 日,支部组织党员赴中国共产党历史展览馆实地研学(见图 5-21),参观"不忘初心、牢记使命"中国共产党历史展览,在党的百年历史中感悟伟大建党精神,汲取奋进力量。

图 5 – 20　赴延安开展"传承红色记忆,探索发展新路"党史学习教育专题培训

图 5-21 党支部组织赴中国共产党历史展览馆实地研学

# 5.2 工会服务简介

工会是党领导下的工人阶级的群众组织,是党联系职工群众的桥梁和纽带,做好工会工作是党组织义不容辞的职责。同时,工会是教职工之家,是广大教职工发展的舞台。在党支部的领导下,工程训练中心各届工会始终坚持"以人为本、教学为先"的宗旨,谋职工所求,想单位所想,充分发挥工会在"组织教职工、引导教职工、服务教职工、维护教职工权益"方面的作用,积极、认真开展各项群众活动,受到教职工的欢迎。

工程训练中心成立之初,工会小组隶属于校机关工会,2015 年 10 月,工程训练中心与其他常驻沙河校区单位成立沙河校区联合工会,共同组织开展活动。

2019 年 1 月 8 日,北京航空航天大学工程训练中心直属工会成立(见图 5-22),韩永鹏任工会主席,史成坤任工会副主席,王秋红任女工委员,刘雅静任组织委员,李烨任宣传委员,孙英蛟任文体委员兼青工委员,闫立军任福利委员。

2019 年 6 月,工程训练中心直属工会划入北航学院工会,成立工程训练中心工会小组。作为北航学院工会中人数最多的工会小组,工程训练中心工会小组积极承办各类文娱活动,2021 年先后承办北航学院"红色之旅,书海扬帆"读书沙龙系列活动(见图 5-23)、"第一届冬季长跑节"拓展活动(见图 5-24)等,仅 2021全年组织动员工会小组成员参与各项文娱活动 400 余人次,获得工会小组成员的一致好评。

**图 5 - 22　工程训练中心直属工会成立大会**

**图 5 - 23　"红色之旅,书海扬帆"读书沙龙系列活动之阅读分享会**

　　2022 年工会小组积极响应学校工会以及学院工会的号召,克服新冠疫情带来的困难,组织会员参加各类线上及线下居家云活动,三月参加学院工会"情暖三月,花漾生活"妇女节插花活动(见图 5 - 25),四月参与首届北航学院教职工运动会,居家工作期间动员会员参与校庆 70 周年系列活动,共庆母校七秩盛典。

　　多年来工会一直秉持服务职工、关心关爱职工的理念,将家庭困难、生病、生育、直系亲属去世、离退休等各类教职工的慰问作为工会传统沿袭至今。据不完全统计,近五年来各类慰问达到 306 人。

图 5-24  北航学院"第一届冬季长跑节"拓展活动

图 5-25  "情暖三月,花漾生活"妇女节插花活动

# 附　　录

## 1　历任领导

| 年　份 | 主　任 | 副主任 | 党支部书记 |
|---|---|---|---|
| 1999—2002 | 沈颂华 | 范悦,张兴华 | 张兴华 |
| 2002—2005 | 李运华 | 范悦,张兴华,黄智刚 | 张兴华 |
| 2005 | 李运华 | 范悦,黄智刚 | 李运华 |
| 2005—2011 | 王　亮 | 胡殿明(常务副主任),马鹏举 | 胡殿明 |
| 2011—2019 | 王　亮 | 马鹏举(常务副主任),韩永鹏 | 马鹏举 |
| 2019—2020 | 曹庆华 | 韩永鹏 | 齐海涛 |
| 2020—2021 | 曹庆华 | 齐海涛,韩永鹏 | 齐海涛 |
| 2021 | 钱　政 | 齐海涛,韩永鹏 | 齐海涛 |
| 2021 年至今 | 钱　政 | 齐海涛,袁媛 | 齐海涛 |

# 2 教学成果汇编

## 2.1 教改项目

| 年　份 | 等　级 | 项目负责人 | 教改项目名称 |
|---|---|---|---|
| 1999 | 校级 | 范　悦 | 金工系列课程整体改革 |
| 1999 | 校级 | 张兴华 | 金工教学 CAI 系列课件 |
| 2002 | 校级重点 | 沈颂华 | 工程实践教学体系的研究 |
| 2002 | 校级 | 沈颂华 | 机械制造基础实践教学体系及管理改革 |
| 2002 | 校级 | 张兴华 | 金工多媒体教学课件开发 |
| 2002 | 校级 | 王秋红 | 金工实习课程深化改革实践 |
| 2002 | 校级 | 白　薇 | 本科课程双语教学的研究与实践 |
| 2002 | 校级 | 张兴华 | 实践教学质量保障体系研究与实践 |
| 2002 | 校级 | 王卫林 | 工程材料课程体系整体改革上台阶 |
| 2003 | 校级 | 杨伟群 | 三维零件设计和 CAD/CAM 综合实践研究 |
| 2003 | 校级 | 李喜桥 | 创新训练优化及创新型人才培养模式的实践与研究 |
| 2003 | 校级 | 范　悦 | 综合创新训练教学效果评估 |
| 2003 | 校级 | 于维平 | 校非机类课程"机械工程引论"的改革与实践 |
| 2006 | 校级重点 | 马鹏举 | 基于校级核心课程"基础工程训练"要求的现行三层次课程体系的评价与重建 |
| 2006 | 校级 | 何立新 | 可编程控制器技术实践教学的改革研究 |
| 2006 | 校级 | 蒋　龙 | 机电系统的单片机控制技术课程建立与研究 |
| 2008 | 校级重点 | 王　亮 | 工程训练实践教学队伍建设的研究与改革 |
| 2009 | 校级重点 | 马鹏举 | 《控制工程技术训练》课程建设可行性研究 |

续表

| 年　份 | 等　级 | 项目负责人 | 教改项目名称 |
|---|---|---|---|
| 2013 | 校级重点 | 齐海涛 | 加强控制工程技术训练的研究与实践 |
| 2013 | 校级重点 | 马鹏举 | 《先进制造技术训练》教学改革与实践 |
| 2013 | 校级 | 崔　剑 | 基于 CDIO 的电子实践教学模式研究 |
| 2013 | 校级 | 杨伟群 | 利用 3D 打印技术培养自主设计能力研究 |
| 2013 | 校级 | 何立新 | 关于控制技术工程训练的创建与改革——面向全校大二学生 |
| 2013 | 校级 | 史成坤 | 基于项目的工程训练教学模式的研究与实践 |
| 2014 | 校级重大 | 马鹏举 | 分类分层次工程基础课程体系建设 |
| 2017 | 教育部 | 史成坤 | 面向新工科的工程训练模式的研究与实践 |
| 2018 | 校级重点 | 崔　剑 | 工程训练中心系统性改革 |
| 2018 | 校级重点 | 邱玉婷 | 基于科学与工程教育训练模式的实验教学改革与实践 |
| 2018 | 校级 | 杨伟群 | 校企合作开发无人机工程训练示范课程 |
| 2018 | 校级 | 刘雅静 | "加工工艺学实验"课程的 MOOC 建设 |
| 2018 | 校级 | 孙治博 | 基于 MDP 与 VR 的工程训练教学模式的研究 |
| 2018 | 校级 | 陈娇娇 | 实验教学质量评价体系的研究及实施 |
| 2020 | 教育部 | 王　娜 | 面向"新工科"自动化专业的本-硕-博贯通创新人才培养模式实践 |
| 2020 | 校级重点 | 齐海涛 | 工程训练中心改革方案研究 |
| 2020 | 校级 | 王　娜 | 基于学科交叉的气动技术课程综合实践教学研究 |
| 2021 | 校级重点 | 史成坤 | "机械工程技术训练"实践教学载体的改进设计 |
| 2021 | 校级重点 | 孙英蛟 | "机械工程技术训练"慕课制作及线上线下混合式教学模式研究 |

续表

| 年　份 | 等　级 | 项目负责人 | 教改项目名称 |
|---|---|---|---|
| 2021 | 校级 | 李　烨 | 工程文化与劳动教育氛围营造 |
| 2021 | 校级 | 李志珑 | "机械工程技术训练"虚拟仿真平台建设 |
| 2021 | 校级 | 王虹霞 | "传感器技术＋应用驱动"的电子工程训练示范课程研究 |
| 2021 | 校级 | 徐鹏飞 | 综合创新训练课程 CTS1600－Ⅰ电梯外控制板的设计制作 |
| 2021 | 校级 | 王　娜 | 基于北斗的工程创新与实践教学校企合作协同育人 |
| 2021 | 校级 | 赵　雷 | 《工程认知与训练》两校区教学改进设计 |
| 2022 | 教育部 | 齐海涛 | 金工系列课程多维度体系现代化改革研究 |
| 2022 | 教育部 | 史成坤 | 基于《机械工程技术训练》课程的劳动教育课程研究 |
| 2022 | 教育部 | 孙治博 | 基于高教园区的共享创客空间运行模型研究 |
| 2022 | 教育部 | 陈娇娇 | 以学科竞赛为驱动的主动式工程训练教学改革 |
| 2022 | 校级重大 | 钱　政 | 北航特色基础课程体系的研究 |
| 2022 | 校级重点 | 陈娇娇 | 以学科竞赛为驱动的工程训练教学模式改革——以无碳小车为例 |
| 2022 | 校级重点 | 孙治博 | 基于科技实践的共享创客空间建设与运行研究 |
| 2022 | 校级 | 邱玉婷 | 工程材料实验教学改革 |
| 2022 | 校级 | 王虹霞 | 5G 技术工程创新与实践平台建设方案 |
| 2022 | 校级 | 王君臣 | 手术机器人理论与实践课程平台建设 |

## 2.2　教学成果

### 2.2.1　市级及以上教学成果奖

| 年　份 | 获奖等级 | 团队成员 | 项目名称 |
|---|---|---|---|
| 2001 | 北京市一等奖 | 高金源,张兴华等 | 自动化专业类工程实验体系改革实践 |
| 2004 | 北京市一等奖 | 焦宗夏,李运华等 | 航空航天机械电子工程专业课程体系建设与教学模式改革 |
| 2013 | 北京市二等奖 | 王亮,马鹏举,张兴华,范悦,胡殿明 | 突显工程教育通识性、实践性和创新性,探索工程训练课程新体系 |

### 2.2.2　校级教学成果奖

| 年　份 | 获奖等级 | 团队成员 | 项目名称 |
|---|---|---|---|
| 2001 | 三等奖 | 于维平,杨伟群,陈乐光,杜林波,焦化章 | 通过科研和创新促进工程训练的教学改革 |
| 2002 | 二等奖 | 张兴华,范悦,李喜桥,王秋红,赵志华 | 实践教学系列课程改革 |
| 2002 | 二等奖 | 张兴华,李运华,范悦,王秋红,孔克平,靳永卫 | 适应现代工业技术发展,建设面向新世纪《制造技术实习》 |
| 2004 | 一等奖 | 工程训练中心综合创新课题组 | 工程创新教育改革实践 |
| 2004 | 二等奖 | 张兴华,李运华等 | 适应现代工业技术发展,建设面向新世纪"制造技术实习" |
| 2004 | 三等奖 | 范悦,张欣,王卫林 | 首都高校机械创新设计大赛指导教师 |
| 2006 | 一等奖 | 范悦等 | 工程实践教学体系的研究与实践 |
| 2006 | 二等奖 | 张兴华等 | 基于航模发动机制作的工程训练项目开发 |
| 2006 | 三等奖 | 于维平等 | 校非机类课程机械工程引论的特色建设与实践 |

| 年　份 | 获奖等级 | 团队成员 | 项目名称 |
|---|---|---|---|
| 2009 | 一等奖 | 王亮,马鹏举,胡殿明,范悦,张兴华 | "基础工程训练"课程体系的创建与实践 |
| 2015 | 一等奖 | 齐海涛,陈博,蒋龙,何立新,李烨 | 基于CDIO的控制技术工程训练 |
| 2016 | 一等奖 | 崔剑,马鹏举 | 基于差异化培养的单片机教学 |
| 2019 | 三等奖 | 马鹏举,邱玉婷,崔剑,韩永鹏,郝继峰 | "新工科"和"双一流"建设背景下工程训练的师资队伍、教学方法和教学内容的探索与实践 |
| 2020 | 二等奖 | 史成坤,齐海涛,李烨,赵雷,郝继峰,刘雅静,孙治博,陈娇娇,徐鹏飞,王娜,王虹霞,王卫林,何立新 | 综合性创新实践课程的改革与探索 |
| 2020 | 二等奖 | 刘雅静,史成坤,齐海涛,陈娇娇,孙治博 | 加工工艺学实验的"线上＋线下"混合教学模式改革 |
| 2020 | 三等奖 | 孙治博,齐海涛,史成坤,王娜,赵雷 | "VR＋工程实践"的综合创新平台系统 |

### 2.2.3　教学奖励

| 年　份 | 获奖等级 | 教师及团队名称 | 所获奖项 |
|---|---|---|---|
| 2000 | 校级二等奖 | 铣工实习组 | 成飞奖教金 |
| 2001 | 校级二等奖 | 尚金英 | 成飞奖教金 |
| 2001 | 校级二等奖 | 李泽军 | 西飞奖教金 |
| 2002 | 校级二等奖 | 张　欣 | 成飞奖教金 |
| 2002 | 校级三等奖 | 尚金英 | 青年教师课堂教学比赛 |
| 2002 | 校级鼓励奖 | 王秋红 | 青年教师课堂教学比赛 |

| 年 份 | 获奖等级 | 教师及团队名称 | 所获奖项 |
|------|---------|--------------|---------|
| 2003 | 校级二等奖 | 龙祥,王凤霞,<br>孙英蛟,赵雷 | 成飞奖教金 |
| 2004 | 校级三等奖 | 杨伟群 | 青年教师课堂教学比赛 |
| 2004 | 校级优秀奖 | 李运华 | 宝钢教育基金奖 |
| 2008 | 校级二等奖 | 孔克平 | 西飞奖教金 |
| 2008 | 校级二等奖 | 李喜桥 | "创新思维与工程训练"优秀教材 |
| 2015 | 校级二等奖 | 齐海涛 | 凡舟奖教金 |
| 2021 | 国家级优秀奖 | 王虹霞,齐海涛 | 第四届"绽放杯"5G应用征集<br>大赛智能教育专题赛 |
| 2021 | 校级一等奖 | 刘雅静 | 凡舟奖教金 |

## 2.2.4 出版教材

| 年 份 | 主 编 | 教材名称 |
|------|------|---------|
| 2003 | 范 悦 | 《工程材料》 |
| 2003 | 李喜桥 | 《加工工艺学》 |
| 2004 | 于维平 | 《机械基础(第2版)》 |
| 2005 | 张兴华 | 《制造技术实习》 |
| 2005 | 李喜桥 | 《创新思维与工程训练》 |
| 2006 | 杨伟群 | 《数控工艺培训教程(数控铣部分)第2版》 |
| 2009 | 李喜桥 | 《加工工艺学(第2版)》 |
| 2011 | 张兴华 | 《制造技术实习(第2版)》 |
| 2014 | 马鹏举,史成坤,张兴华 | 《加工工艺学(第3版)》 |
| 2015 | 杨伟群 | 《3D设计与3D打印》 |
| 2022 | 陈娇娇 | 《工程材料》 |
| 2022 | 史成坤 | 《制造技术实习(第3版)》 |

## 2.3 教学论文-期刊

| 发表年份 | 作　者 | 论　文 | 期刊名称 |
|---|---|---|---|
| 1999 | 于维平,杨伟群,沈南 | 培养学生的创新意识和创新能力 | 北京航空航天大学学报(社会科学版) |
| 2003 | 李喜桥 | 创新训练中产品方案的审查标准 | 高等工程教育研究 |
| 2005 | 李运华,范悦,沈颂华 | 递进式工程实践教学体系的创建与实践 | 高等工程教育研究 |
| 2005 | 范悦,李喜桥,张兴华,张欣,郝继峰 | 工程实践教学课程的创立与实践 | 北京教育:高教版 |
| 2005 | 何立新 | PLC 控制技术实践教学的改革 | 实验室研究与探索 |
| 2009 | 马鹏举,王亮,胡殿明 | 构建多学科交叉的现代工程训练平台 | 高等工程教育研究 |
| 2009 | 马鹏举,王亮,胡殿明,范悦,张兴华 | 综合创新训练课程体系构建与实践 | 实验技术与管理 |
| 2009 | 马鹏举,王亮,胡殿明,范悦,张兴华 | 基础工程训练课程体系的建设与实践 | 实验技术与管理 |
| 2010 | 何立新 | 可编程控制器技术应用课程的改革与创新 | 中国教育技术装备 |
| 2011 | 胡林,陈玉海,杨伟群 | 以数控铣为例比较中外数控技能大赛 | 金属加工:冷加工 |
| 2011 | 马鹏举,王亮,胡殿明 | 工程实践教学的现状分析与对策研究 | 高等工程教育研究 |
| 2012 | 胡林,袁田,杨伟群 | 中国 WorldSkills 机械工程 CAD 集训基地建设初步实践 | 幸福生活指南:高等职业教育 |
| 2012 | 杨伟群 | 中国进军世界技能大赛面临的挑战与机遇——中国参加第 41 届世界技能大赛系列报告之一 | 幸福生活指南:高等职业教育 |

续表

| 发表年份 | 作　者 | 论　文 | 期刊名称 |
|---|---|---|---|
| 2013 | 何立新 | 电控工程认识与实践课程的创建与教学体会 | 中国教育技术装备 |
| 2014 | 刘家曦,王占超,杨伟群 | 基于 RFID 的 RC 赛车计时系统的设计与实现 | 电子世界 |
| 2015 | 何立新,李烨,徐鹏飞 | 综合创新训练实训课程的改革实践 | 中国教育技术装备 |
| 2015 | 马鹏举,邱玉婷,张兴华 | 探讨实验教学示范中心建成后工程训练亟待解决的问题 | 实验技术与管理 |
| 2017 | 马鹏举,佟杰,张兴华,王亮 | 工程训练课程体系的研究与实践 | 北京航空航天大学学报(社会科学版) |
| 2017 | 马鹏举,王亮,韩永鹏 | 工程训练中心"十三五"规划制定的关键 | 实验技术与管理 |
| 2019 | 孙治博,史成坤,耿向伟,李梓源,付博 | "人工智能＋工程实践"的综合创新训练教学研究 | 北京航空航天大学学报(社会科学版) |
| 2020 | 马鹏举,邱玉婷,崔剑,韩永鹏,郝继峰 | 面向"新工科""双一流"建设的工程训练系统性改革 | 实验技术与管理 |
| 2020 | 邱玉婷,崔剑,马鹏举,孟莹 | 多学科交叉融合的无人机实践教学方案设计 | 实验技术与管理 |
| 2020 | 邱玉婷,马鹏举,刘雅静,齐海涛 | 工程材料实验教学的问卷调查与改革探索 | 广东化工 |
| 2020 | 孙治博,史成坤,李瑞豪,潘卓午,张梦森 | 基于 VR 的钻床工程实践教学辅助系统的探索与研究 | 实验技术与管理 |
| 2021 | 邱玉婷,史成坤,齐海涛,赵立东 | 体验式科研训练课程的设计与实践 | 实验技术与管理 |
| 2021 | 陈娇娇,王娜,刘雅静,史成坤,齐海涛 | 新工科背景下跨专业校企联合实训平台建设研究 | 教育现代化 |
| 2021 | 陈娇娇,王娜,刘雅静,史成坤,齐海涛 | "双一流"背景下工程材料实验教学改革与实践 | 广州化工 |

续表

| 发表年份 | 作者 | 论文 | 期刊名称 |
|---|---|---|---|
| 2022 | 刘雅静,史成坤,陈娇娇 | 基于线上＋线下的机械制造基础实验教学研究 | 北京航空航天大学学报(社会科学版) |

## 2.4 教学论文-会议

| 发表年份 | 作者 | 论文 | 会议名称 |
|---|---|---|---|
| 1999 | 张兴华,范悦 | 北京航空航天大学金工教学改革一些思路 | 华北金工年会 |
| 1999 | 王卫林等 | 从理论验证型向工程实践型综合型开放型的转变——热处理实验改革试点 | 华北金工年会 |
| 1999 | 沈南,于维平 | 引进新内容 开展刷镀实习 | 华北金工年会 |
| 1999 | 单民儒 | 搞好综合训练 提高教学质量 | 华北金工年会 |
| 1999 | 杨伟群 | 新型工程材料的教学改革与实践 | 华北金工年会 |
| 1999 | 王卫林 | 教海拾贝 | 华北金工年会 |
| 1999 | 范悦等 | 金工实验教学队伍的建设与人才培养 | 华北金工年会 |
| 1999 | 王卫林 | 利用废弃应力框开设焊接应力与变形实验 | 华北金工年会 |
| 1999 | 杨伟群 | 工业培训中的清洁生产教育 | 华北金工年会 |
| 1999 | 周晓蜀 | "组合夹具"在金工实习中的应用 | 华北金工年会 |
| 2000 | 李喜桥等 | 机械工程创新训练教改试验 | 现代工业培训 |
| 2002 | 余丽,杨开 | 高校扩招后电子实习工作的管理 | 北京高校电子工艺实习首届年会 |
| 2004 | 张兴华,范悦 | ISO9000与教学质量监控保障体系 | 华北金工年会 |

续表

| 发表年份 | 作　者 | 论　文 | 会议名称 |
|---|---|---|---|
| 2004 | 张兴华,李运华,范悦,靳永卫 | 抓住时机,拼搏奋进建设制造技术实习精品课 | 华北金工年会 |
| 2004 | 张兴华,范悦,靳永卫,王秋红 | 适应教学发展需要提升实习产品规格 | 华北金工年会 |
| 2004 | 王秋红,张兴华 | 制造技术实习调整及总结 | 华北金工年会 |
| 2004 | 李喜桥,靳永卫,张欣 | 创新与工程实践 | 第七届现代工业培训国际会议 |
| 2014 | 齐海涛,王亮,陈博 | 控制工程技术训练的研究与实践 | 华北金工年会 |
| 2014 | 崔剑,李坚,杨开 | 个性化电子实习教学方法研究 | 华北金工年会 |
| 2014 | 何立新,徐鹏飞 | 控制技术工程训练的构思与实践 | 华北金工年会 |
| 2014 | 佟杰,殷辉,王景和 | 工程训练师资队伍建设的思考 | 华北金工年会 |
| 2014 | 靳永卫,王秋红 | 逆向工程教学研讨 | 华北金工年会 |
| 2014 | 史成坤,张兴华,马鹏举 | 任务驱动法在金工课程教学中的实践 | 华北金工年会 |
| 2014 | 马鹏举,张兴华,尚金英,靳永卫 | 先进制造技术训练改革的思考 | 华北金工年会 |
| 2015 | 史成坤,张兴华,刘雅静,马鹏举 | Application of Project-Driven Method In Engineering Training | 11th International Conference on Modern Industrial Training |
| 2018 | 齐海涛,史成坤,孙治博 | Research on the Engineering Training Teaching System Under the Large Classification Training Mode | 12th International Conference on Modern Industrial Training |

| 发表年份 | 作　者 | 论　文 | 会议名称 |
|---|---|---|---|
| 2018 | 史成坤,刘雅静,孙治博,陈娇娇 | Construction of Engineering Training Mode Based on Design From the Perspective of Great Engineering Concep | 12th International Conference on Modern Industrial Training |
| 2018 | 孙治博,史成坤,齐海涛,刘雅静,陈娇娇 | Exploration And Research For An Engineering Training Teaching Model Based OnMdp AndVr | 12th International Conference on Modern Industrial Training |
| 2018 | 刘雅静,史成坤,孙治博,陈娇娇,张欣,王卫林,张兴华 | Research and Practice on Project Based Engineering Training | 12th International Conference on Modern Industrial Training |
| 2018 | 陈娇娇,刘雅静,史成坤,马鹏举 | Research on the School-Enterprise Cooperative Mode Based on "Innovation-Drive and Integrated Development" | 12th International Conference on Modern Industrial Training |
| 2020 | 孙治博,张丹,罗雪玲,曹庆华,李志珑 | An open source engineering practice assistant training system based on virtual reality | IEEE Frontiers in Education Conference（FIE） |
| 2021 | 孙治博,史成坤,齐海涛,刘雅静,陈娇娇,邱玉婷 | "虚拟现实＋工程训练"的实践教学辅平台构 | 华北地区金工年会 |
| 2021 | 邱玉婷,刘雅静,赵雷,史成坤,齐海涛 | 《工程材料》实验教学问卷调查研究 | 华北地区金工年会 |

续表

| 发表年份 | 作　者 | 论　文 | 会议名称 |
|---|---|---|---|
| 2021 | 史成坤,孙英蛟,齐海涛,尚金英,王娜 | 工程实践类课程的线上＋线下混合教学模式探讨 | 华北地区金工年会 |
| 2021 | 李志珑,齐海涛,李烨,郝继峰,孟莹 | 工程文化建设在大学生综合创新能力培养中的探索与应用 | 华北地区金工年会 |
| 2021 | 刘雅静,史成坤 | 基于微课的机械制造基础实验教学研究与实践 | 华北地区金工年会 |
| 2021 | 王娜,齐海涛,史成坤,陈娇娇 | 基于项目驱动的北斗导航实践教学改革探讨 | 华北地区金工年会 |
| 2021 | 王虹霞,齐海涛,韩永鹏,史成坤,孙治博 | 新工科创新人才培养:联合实验室建设方案研究 | 华北地区金工年会 |

# 3 社会服务传承

北京航空航天大学工程训练中心作为一个专业实习实践的教学单位,一直秉承开放共享的办学原则。近 20 年来将服务对象从校内学生逐步扩大至北京地区兄弟高校,乃至整个社会。

据不完全统计,工程训练中心 1997 年至 2000 年连续接待海淀走读大学、联合大学以及服装学院的建筑、计算机、机械、物理以及空调专业的学生来校实习,涉及人数近 370 余人,累计实习天数达 63 天。2000 年至 2004 年底工程训练中心累计接待海淀走读大学、联合大学文理学院、石油大学、城市管理学院以及校内各系大专学生 2 260 余人来校实习。

2000 年,在世界银行贷款支持下,北京航空航天大学援建了贵州工业大学工程训练中心,并在 2004 年对来自贵州工业大学的 41 名学生进行了为期一个月的数控工艺员的考试取证培训(见附图 3 - 1)。

附图 3 - 1 贵州工大学生来参加数控工艺员取证培训

北京航空航天大学工程训练中心作为北京市高校定点实习基地,自 2004 年开始,每年按需接纳北京邮电大学、中国农业大学、华北电力大学、中国石油大学、中国矿业大学、北京建筑工程学院、北京城市管理学院、北京联合大学等兄弟院校的学生来校实习。附表 3 - 1 所列为 2004—2021 年工程训练中心接待校外学生来校实习人数统计表。

附表 3-1 2004—2021 年工程训练中心接待校外学生来校实习人数统计表(单位:人)

| 学校/年份 | 华北电力大学 | 海淀走读大学 | 北京联合大学文理学院 | 北京邮电大学 | 北京城市管理学院 | 中国农业大学 | 北京建筑工程学院 | 中国石油大学 | 中国矿业大学 |
|---|---|---|---|---|---|---|---|---|---|
| 2004 | 180 | 68 | 47 | | | | | | |
| 2005 | 253 | | | 306 | | | | | |
| 2006 | 539 | | | 295 | 77 | 317 | 147 | | |
| 2007 | 797 | | | 489 | | 60 | 298 | | |
| 2008 | 199 | | | 496 | | 40 | 265 | | |
| 2009 | 190 | | | 192 | | | 60 | 415 | |
| 2010 | | | | 321 | | | 221 | 668 | |
| 2012 | 183 | | | | | | | 731 | |
| 2013 | 402 | | | | | | | 400 | |
| 2014 | | | | | | | | 638 | |
| 2015 | | | | 135 | | | | 556 | |
| 2016 | | | | 450 | | | | 636 | |
| 2017 | | | | 721 | | | | | |
| 2018 | | | | | | | | | 690 |
| 2019 | | | | 335 | | | | | 660 |
| 2020 | | | | | | | | | 684 |
| 2021 | | | | 224 | | | | 355 | 1341 |

北京航空航天大学工程训练中心开展了针对北京市中小学生的实践活动,累计接待学生人数为 2 200 多人次。主要面向北京昌平一中,昌平五中,回龙观中学,百善中学,小汤山中学等开放激光雕刻实训、三维摄像及 3D 打印实训、电火花线切割实训、工程认识实训、砂型铸造实训、机械装配实训、电梯模型控制实训等课程,受到学生们的一致好评。

据粗略统计自 2007 年起,工程训练中心先后接待国内外各类型代表团来访近百次。自 2012 年起工程训练中心接待有突出代表性的交流考察团队情况汇总如附表 3-2 所列。

**附表 3-2 工程训练中心接待各类考察团队情况统计表**

| 年　份 | 参观考察团队 |
|---|---|
| 2012 | 10月23日,来京参加教育部"国培计划(2012)"中小学骨干教师研修项目,来自全国各地高中物理骨干教师研修班的100余位高中物理教师分两批来到中心参观考察 |
| | 11月30日,中国农业大学工学院院长韩鲁佳、分党委书记杨宝玲以及工学院各系(中心)主任、教职员工一行30余人来中心参观交流 |
| 2013 | 10月15日,吉林大学工程训练中心主任朱先勇一行来中心参观交流 |
| | 10月18日,哈尔滨工程大学工程训练中心崔海副主任一行来中心参观交流 |
| | 11月6日,合肥工业大学工业培训中心田杰主任一行来中心参观交流 |
| | 12月12日,北方工业大学工程训练中心徐宏海主任一行20余人来中心参观交流 |
| 2014 | 3月19日,大连民族学院教务处陈兴文副处长一行来中心参观交流 |
| | 4月29日,天津大学机械工程实践教学中心一行来中心参观交流 |
| 2015 | 3月11日,苏州大学工程训练中心主任谢志余来中心参观交流 |
| | 7月16日,南京航空航天大学工程训练中心张颖副主任一行来中心参观交流 |
| 2016 | 4月8日,华北水利水电大学王天泽副校长及工程训练中心负责人来中心参观交流 |
| | 4月8日,中法工程师学院马纪明老师带领30余名法国里昂预科生来中心参观交流 |
| | 4月15日,五邑大学校长张运华同志带领教务处、实验室与设备管理处、信息学院、计算机学院等部门负责同志到中心参观调研 |
| 2019 | 7月3日,北京市教委一行来中心参观调研 |
| | 7月5日,北京市昌平区沙河高教园区管理委员会一行来中心参观调研 |
| | 7月6日,北京市房山区良乡高教园区管理委员会一行来中心参观调研 |
| | 7月8日,北京市市长陈吉宁一行来中心调研 |
| 2020 | 11月11日,北京邮电大学教务处一行来中心调研 |
| 2021 | 3月10日,北京市建委一行来中心参观调研 |
| | 6月3日,北京信息科技大学教学处一行8人来中心参观交流 |
| | 6月7日,北京第十八中心一行来中心参观交流,了解学生实践教学情况 |
| | 7月7日,北京市政府政策研究室一行来中心参观 |
| | 7月28日,北京市昌平区区长一行10余人来中心指导调研 |
| | 8月4日,北京市海外学人中心一行来中心调研 |
| | 8月19日,北京市市长陈吉宁一行20余人来中心调研走访,重点参观五间新建工程创新实验室 |
| | 9月8日,中国石油大学(北京)教务处一行来中心参观交流 |

续附表 3－2

| 年　份 | 参观考察团队 |
|---|---|
| 2021 | 9月8日,九三学社一行20余人来中心参观调研 |
| | 9月15日,北京市卢彦副市长一行10余人来中心指导检查 |
| | 9月18日,北京市教育工委一行10余人来中心调研指导 |
| | 10月8日,北京市昌平区区长一行10余人来中心检查调研 |
| | 10月21日,中山大学教务处一行来中心调研学习 |
| 2022 | 3月,中央组织部一行来访调研 |

2021年7月,随着工程训练中心五间工程创新实验室的开放使用,中心正逐步规划设立"工程创新科普活动月",面向北京市乃至更大范围的大中小学生开展北斗、5G、无人机、人工智能以及机器人相关技术的科普系列活动,并将其作为重要的教学资源进行全方位的开放共享(见附图3－2)。

附图 3－2　面向学龄前儿童开展探索创新科普教育活动

　　2022年6月9日工程训练中心正式获批中国仪器仪表学会"机械制造与仪器仪表主题科普教育基地"(见附图3-3),成为弘扬科学精神、普及科学知识、倡导科学方法、传播科学思想、激发科学梦想,帮助提升大、中、小学生以及社会大众科学素质的重要基地。9月中旬,科普基地陆续开展了两期科普活动,第一期为科普专家沙龙(见附图3-4),第二期紧抓"喜迎二十大,科普向未来"的契机,以"机械加工设备发展进程"为主题,开展科普基地线上科普直播(见附图3-5)。

附图3-3　"机械制造与仪器仪表主题科普教育基地"挂牌

附图3-4　第一期活动——科普专家沙龙

附图 3-5 第二期活动——"机械加工设备发展进程"线上科普直播

# 4 所获校级以上荣誉

## 4.1 集体荣誉奖(含校级)

| 获奖年份 | 获奖级别 | 奖项名称 | 获奖单位 |
|---|---|---|---|
| 2004 | 北京市 | 第一届机械创新设计大赛优秀组织奖 | 工程训练中心 |
| 2007 | 校级 | 本科教学工作水平评估最佳组织奖 | 工程训练中心 |
| 2007 | 校级 | 本科教学工作水平评估先进集体奖 | 工程训练中心 |
| 2013 | 北京市 | 北京市"工人先锋号" | 工程训练中心 |
| 2019 | 校级 | 样板党支部 | 北航学院工程训练中心教师党支部 |
| 2019 | 校级三等奖 | 基层党建优秀工作案例 | 北航学院工程训练中心教师党支部 |
| 2021 | 北京市 | 北京市教育工会先进职工小家 | 北航学院工会 |
| 2021 | 校级一等奖 | 工会工作组织奖 | 北航学院工会 |
| 2021 | 校级 | 宣传工作先进单位、工会特色活动奖 | 北航学院工会 |
| 2022 | 校级 | 优秀主题党日活动 | 北航学院工程训练中心教师党支部 |

## 4.2 学生竞赛指导奖(含省部级)

### 4.2.1 中国大学生工程实践与创新能力大赛

| 获奖年份 | 获奖等级 | 获奖学生 | 指导教师 | 参赛作品 |
|---|---|---|---|---|
| 2009 | 国家级三等奖 | 马文睿,王松伟,刘伟 | 范悦,王亮 | 圆筒型容器 |
| 2011 | 北京市一等奖 | 徐榛,胡茗轩 | 靳永卫,史成坤 | 无碳小车 |
| 2011 | 北京市一等奖 | 田浩,刘赛遥,施锦寿 | 王卫林,郝继峰 | 无碳小车 |

续表

| 获奖年份 | 获奖等级 | 获奖学生 | 指导教师 | 参赛作品 |
|---|---|---|---|---|
| 2011 | 北京市一等奖 | 杜晨,谢静锋,杨志龙 | 张欣,马鹏举 | 无碳小车 |
| 2011 | 国家级二等奖 | 田浩,刘赛遥,胡茗轩 | 郝继峰,范悦 | 无碳小车 |
| 2013 | 北京市一等奖 | 王帅帅,陈欢,窦晓彤 | 王卫林,齐海涛 | 8字形绕障 |
| 2013 | 北京市一等奖 | 毕雄,张家全,白春磊 | 王卫林,赵满春 | 8字形绕障 |
| 2013 | 北京市一等奖 | 张爱国,燕道华,程文 | 靳永卫,范悦 | S字形绕障 |
| 2013 | 北京市一等奖 | 高晓杰,赵建文,贾向华 | 靳永卫,郝继峰 | S字形绕障 |
| 2013 | 国家级二等奖 | 王帅帅,陈欢,窦晓彤 | 王卫林,纪铁铃 | 8字形绕障 |
| 2013 | 国家级一等奖 | 高晓杰,赵建文,贾向华 | 靳永卫,孙英蛟 | S字形绕障 |
| 2015 | 北京市一等奖 | 宫凡,曾德斌,饶思航 | 郝继峰,张欣 | S字形绕障 |
| 2015 | 北京市二等奖 | 饶思航,石琪,黄体圣 | 靳永卫,赵满春 | S字形绕障 |
| 2015 | 北京市一等奖 | 屈原,熊颖龙,李怡昕 | 王卫林,张兴华 | 8字形绕障 |
| 2015 | 北京市一等奖 | 曹晨,曲思特,舒鹏 | 闫立军,齐海涛 | 8字形绕障 |
| 2015 | 国家级三等奖 | 屈原,熊颖龙,李怡昕 | 王卫林,齐海涛 | 8字形绕障 |
| 2016 | 北京市一等奖 | 孙宇,龚志扬,刘洋 | 靳永卫,赵满春 | S字形绕障 |
| 2016 | 北京市一等奖 | 陆尚宏,彭厚吾,张凌雨 | 刘雅静,靳永卫 | S字形绕障 |
| 2016 | 北京市一等奖 | 童邦安,崔宇航,王羽佳 | 王卫林,郝继峰 | 8字形绕障 |
| 2016 | 北京市一等奖 | 李鹏宇,蒋亮亮,王照久 | 赵雷,闫立军 | 自控 |
| 2016 | 北京市二等奖 | 穆旭,陈晓航,郭东辉 | 史成坤,张欣 | 8字形绕障 |
| 2016 | 北京市二等奖 | 王长鑫,栾超,徐炳辉 | 刘烨,赵雷 | 自控 |
| 2017 | 北京市一等奖 | 胡耀龙,董傲,何建勋 | 刘雅静,王卫林 | 8字形绕障 |
| 2017 | 北京市一等奖 | 王鹏,张丁为,许安乐 | 闫立军,郝继峰 | 8字形绕障 |
| 2017 | 北京市一等奖 | 王鹏,李春波,张丁为 | 张欣,赵雷 | 工程文化知识 |
| 2017 | 北京市三等奖 | 潘俊林,李春波,童彤 | 赵雷,齐海涛 | 自控 |

续表

| 获奖年份 | 获奖等级 | 获奖学生 | 指导教师 | 参赛作品 |
|---|---|---|---|---|
| 2017 | 国家级三等奖 | 孙宇,龚志扬,刘洋 | 靳永卫,张欣,赵满春,赵雷 | S字形绕障 |
| 2017 | 国家级三等奖 | 童邦安,崔宇航,王羽佳 | 王卫林,闫立军,郝继峰 | 8字形绕障 |
| 2018 | 北京市一等奖 | 杨天顾,杨启航,李港辉 | 王卫林,赵满春 | 无碳小车 |
| 2018 | 北京市一等奖 | 陈世嘉,孙一凡,刘钧霞 | 刘雅静,赵雷 | 无碳小车 |
| 2018 | 北京市一等奖 | 李佳伦,白天,陈小琦 | 刘雅静,郝继峰 | 无碳小车 |
| 2018 | 北京市二等奖 | 何峥,魏盛兴,刘宇迪 | 张欣,赵满春 | 无碳小车 |
| 2018 | 北京市二等奖 | 黄沐林,吴云迪,刘志杰 | 齐海涛,李烨 | 智能物流搬运 |
| 2018 | 北京市三等奖 | 孙瑞泽,王啸峰,高然 | 齐海涛,史成坤 | 智能物流搬运 |
| 2018 | 北京市二等奖 | 陈世嘉,孙一凡,刘宇迪 | 张欣,刘雅静 | 智能物流搬运 |
| 2019 | 北京市一等奖 | 黄璞,郑嘉威,高帅 | 齐海涛,史成坤 | 工程文化知识 |
| 2019 | 北京市三等奖 | 郑嘉威,任晨锴,高帅,管璐欣 | 徐鹏飞,李烨 | 智能物流机器人 |
| 2019 | 北京市三等奖 | 张丛然,丁雨霏,李同飞,乔若云 | 齐海涛,陈娇娇 | 智能物流机器人 |
| 2019 | 北京市三等奖 | 侯展意,黄庆宇,赵如豪,张苗 | 孙治博,王虹霞 | 全地形搬运小车 |
| 2019 | 北京市三等奖 | 徐芊歆,刘庆盛,向瑞丰,毛可兴 | 李烨,史成坤 | 全地形搬运小车 |
| 2019 | 国家级二等奖 | 杨天顾,杨启航,李港辉 | 王卫林,闫立军 | 无碳小车 |
| 2019 | 国家级三等奖 | 陈世嘉,孙一凡,刘钧霞 | 刘雅静,赵雷 | 无碳小车 |
| 2021 | 北京市特等奖 | 谭泷砚,陈弈书,陈元海,陈乾 | 刘雅静,王卫林 | 工程基础 |
| 2021 | 北京市特等奖 | 何梓涵,崔春,邓英杰,王鹤翔 | 王卫林,陈娇娇 | 工程基础 |

| 获奖年份 | 获奖等级 | 获奖学生 | 指导教师 | 参赛作品 |
|---|---|---|---|---|
| 2021 | 北京市特等奖 | 刘宇盟,张文良,俞丹,魏凡平 | 刘雅静,赵雷 | 工程基础 |
| 2021 | 北京市二等奖 | 万河谷,袁文婕,何雨霏 | 史成坤,孙治博 | 工程基础 |
| 2021 | 北京市二等奖 | 陈弈书,陈元海,魏凡平 | 齐海涛,赵雷 | 工程基础 |
| 2021 | 北京市特等奖 | 骆傲文,王云鹏,李智博,王士颖 | 王娜,石岩 | 智能＋赛道 |
| 2021 | 北京市特等奖 | 邓佳阳,陆兆隆,林恳,张洪涛 | 周耀 | 智能＋赛道 |
| 2021 | 北京市一等奖 | 刘强,刘晶晶,沈钰奇,邓选迪 | 周耀 | 智能＋赛道 |
| 2021 | 北京市二等奖 | 张以诺,刘添,白俊诚 | 周耀 | 智能＋赛道 |
| 2021 | 北京市二等奖 | 秦书佳,陈诗雨,龙梦翔,贺宇超 | 徐鹏飞,齐海涛 | 智能＋赛道 |
| 2021 | 北京市二等奖 | 魏浩宇,梁吉祥,张润泽,李知麟 | 全权,岳昊嵩 | 智能＋赛道 |
| 2021 | 北京市二等奖 | 张柯,王坤昆,杨秀峰,杜雨桐 | 史成坤,刘禹 | 智能＋赛道 |
| 2021 | 北京市二等奖 | 何佳琦,汪志成,苏文超,侯天文 | 陈娇娇,张宝昌 | 智能＋赛道 |
| 2021 | 北京市特等奖 | 刘启玄,张孟琛,戴文思,郑姗 | 王宁 | 虚拟仿真 |
| 2021 | 北京市特等奖 | 刘朋举,赖定为,黎家豪 | 朱磊 | 虚拟仿真 |
| 2021 | 北京市特等奖 | 于禄洋,韩淇,谭婷婷,何熙 | 邓修权,单伟 | 虚拟仿真 |
| 2021 | 北京市特等奖 | 孙乾祐,崔浩,冯震华 | 田琼 | 虚拟仿真 |
| 2021 | 北京市一等奖 | 陈一明,王星朝,张舒怡,于合乐 | 王楚男 | 虚拟仿真 |

续表

| 获奖年份 | 获奖等级 | 获奖学生 | 指导教师 | 参赛作品 |
|---|---|---|---|---|
| 2021 | 北京市一等奖 | 意如,陈思琪,张年华 | 张辉,梁欢 | 虚拟仿真 |
| 2021 | 北京市一等奖 | 李一鸣,赵沛燊,陈洪轩 | 徐国艳 | 虚拟仿真 |
| 2021 | 北京市二等奖 | 张凡,简旭,桑田,于晨曦 | 高宁,王宁 | 虚拟仿真 |
| 2021 | 北京市特等奖 | 王高瞻,刘鸿鹄,范安淇,张云飞,李嘉祺,李沛漪,钱春颖,张林颖,宋振源,邹舜 | 罗明强 | 飞设 |
| 2021 | 北京市特等奖 | 龙文沛,朱世豪,向思静,薛竑飞,郑嘉兴,孙宇,代欣尧 | 罗明强 | 飞设 |
| 2021 | 北京市特等奖 | 王铭泽,唐弘怡,郭静远,贾千禧,刘新海,侯雨欣,李晨曦,黎斯良,李琦,吴熙钰 | 杨穆清 | 飞设 |
| 2021 | 北京市一等奖 | 阮奕程,黄杰,李博程,田博丞 | 田永亮 | 飞设 |
| 2021 | 北京市一等奖 | 林世之,张可立,郑杨,王泽渊,张欣,鲁颖,胡炯,颜雨非,解梓雨,王浩宇 | 罗明强,宋磊 | 飞设 |
| 2021 | 北京市一等奖 | 蔡宇琪,郭睿晗,陈乾,耿子涛 | 潘星,李大庆 | 飞设 |
| 2021 | 北京市二等奖 | 邓骁,李莎靓,南军峰,张韫哲 | 罗明强 | 飞设 |
| 2021 | 北京市二等奖 | 王智巍,郭永红,王涵月,蓝顺顺 | 周尧明,黄敏杰 | 飞设 |

续表

| 获奖年份 | 获奖等级 | 获奖学生 | 指导教师 | 参赛作品 |
|---|---|---|---|---|
| 2021 | 国家级金奖 | 王高瞻,刘鸿鹄,范安淇,张云飞,李嘉祺,李沛漪,钱春颖,张林颖,宋振源,邹舜 | 罗明强 | 飞设 |
| 2021 | 国家级金奖 | 王智巍,郭永红,王涵月,蓝顺顺 | 周尧明,黄敏杰 | 飞设 |
| 2021 | 国家级金奖 | 刘启玄,张孟琛,戴文思,郑姗 | 王　宁 | 虚拟仿真 |
| 2021 | 国家级银奖 | 陈乾,何梓涵,谭泷砚 | 刘雅静,陈娇娇 | 无碳车 |
| 2021 | 国家级铜奖 | 张年华,意如,陈思琪 | 张辉,梁欢 | 虚拟仿真 |
| 2022 | 北京市特等奖 | 黄杰,王一可,姚鑫彤,魏浩宇,王卓,李华秋 | 陈娇娇,刘雅静 | 变后掠翼跨介质无人机 |
| 2022 | 北京市特等奖 | 李传钊,高俊涛,詹天尧,杨文天,张赫男,李征原,赵芮宜,王春铮,丁奕彭 | 王伟,芮朝东 | 旋翼飞轮——新型两栖无人机 |
| 2022 | 北京市特等奖 | 陈品儒,张敏琦,李子琦,缪淞霖,潘宗锐 | 孙治博,王一轩 | 仿寄居蟹的伸缩式变形轮 |
| 2022 | 北京市一等奖 | 张敏琦,张金鹏,缪淞霖,涂泽昕 | 孙治博,史成坤 | 机器人仿真赛项 |
| 2022 | 北京市一等奖 | 周元,李树果,孙中大,李一鹏 | 王娜,齐海涛 | 智能物料搬运赛项 |
| 2022 | 北京市二等奖 | 魏浩宇,崔智,陈泽浪高,周照方 | 王虹霞,郑立全 | 智能物料搬运赛项 |
| 2022 | 北京市三等奖 | 周元,李树果,李一鹏 | 史成坤,赵雷 | 工程文化赛项 |

### 4.2.2 全国大学生机械创新设计大赛

| 获奖年份 | 获奖等级 | 获奖学生 | 指导教师 | 参赛作品名称 |
|---|---|---|---|---|
| 2008 | 北京市三等奖 | 诸葛昌炜,纪嘉龙,王猛杰,李顺东,徐秉睿 | 王卫林,杨阳 | 海面油污清洁船 |
| 2008 | 北京市三等奖 | 陈将,郑赫,罗兴科,邓凯夫,王文杰 | 陈胜功,韩晓健 | 高智能垃圾桶 |
| 2008 | 北京市三等奖 | 安竟文,曾辉,章锦威 | 靳永卫,陈胜功 | 气象监测简易高空平台 |
| 2008 | 北京市二等奖 | 崔淦,李林,郑雄安 | 王卫林,李旭东 | 可避障的管道检测、清理机器人 |
| 2008 | 北京市二等奖 | 李文龙,李春晓,陈明亮,何鸣,王鹏飞 | 王卫林,闫立军 | 易拉罐自动有偿回收装置 |
| 2008 | 北京市二等奖 | 张晓鹏,毛磊,王钦,杨建军,都泽鑫 | 王卫林,李旭东 | 新概念垂直墙面清洁爬墙车 |
| 2008 | 北京市二等奖 | 汪列武,黄志军,高澎,兰星海,马响 | 郝继峰,焦洪杰 | 管道清洁机器人 |
| 2008 | 北京市一等奖 | 蔡远翔,蓝天,郭海宁,刘金龙 | 王卫林,韩晓健 | 管道清洁工 |
| 2008 | 北京市一等奖 | 赵文,汤亮,陈泽,陈忠莹 | 陈万春,靳桂萍 | 管道清洁车 |
| 2008 | 北京市一等奖 | 李欣益,王宏伟,温昶煊,罗硼 | 王卫林,张欣 | 水环境检测及水质取样仿生航行器 |
| 2010 | 北京市一等奖 | 胡延勃,冯铁山,周曦东,刘兰波,汪宇雷 | 焦宗夏,于靖军 | 远程操控便携式搜救机器人 |
| 2010 | 北京市一等奖 | 齐征,罗宁,朱佳敏,赵宸,汪宇雷 | 贾光辉,郝继峰 | 开拓号救援探测器原理样机 |

续表

| 获奖年份 | 获奖等级 | 获奖学生 | 指导教师 | 参赛作品名称 |
|---|---|---|---|---|
| 2010 | 北京市一等奖 | 胡星辰,温晓华,唐晓松,陈轩,王文雨,马莹 | 蒋龙,于靖军 | 图像识别行星轮越障车 |
| 2010 | 北京市二等奖 | 黄宇嵩,常桁,冯涛,赵洪,邱晨 | 张欣,马鹏举 | 高适应型智能野外巡视机器人平台 |
| 2010 | 北京市二等奖 | 汪宇雷,杜佶 | 孙明磊,李旭东 | 微小型侦察机器人系统 |
| 2010 | 北京市二等奖 | 鲍磊,周璇,王少君,李论 | 梁建宏,潘峰 | 微小型多组合式千斤顶 |
| 2010 | 北京市二等奖 | 滕鑫森,曾琼 | 杨洋,张欣 | 可自动升降便携式救生平台 |
| 2010 | 北京市二等奖 | 李奥博,史健 | 陈殿生,潘峰 | 抛掷式自找平全景观察机器眼 |
| 2010 | 北京市三等奖 | 周亚楠,邓亦敏,罗琪楠,韩禅 | 郝继峰,陈胜功 | 六足轮腿式越障救援机器人 |
| 2010 | 北京市三等奖 | 鲍磊,周璇,王少君,李论 | 梁建宏,何立新 | 应用极轮往复施力的小体积破坏钳 |
| 2010 | 北京市三等奖 | 黄大伟,李曼露,张德祥,叶伟,叶尔博 | 王卫林,闫立军 | 防盗窗变救生梯 |
| 2010 | 北京市三等奖 | 张思远,卫强,张冰冰,周福祥 | 范悦,陈胜功 | 弹性扭转过载保护器 |
| 2010 | 北京市三等奖 | 刘子翔 | 王维军,范悦 | 模块化便携式全充气飞翼 |
| 2010 | 北京市三等奖 | 王晓龙,谭忍泊,迟兴,张睿,郭金昊 | 郭卫东,韩晓健 | 火灾逃生折叠通道 |

续表

| 获奖年份 | 获奖等级 | 获奖学生 | 指导教师 | 参赛作品名称 |
|---|---|---|---|---|
| 2010 | 国家级二等奖 | 朱佳敏,赵宸,罗宁,齐征,胡松 | 贾光辉,郝继峰 | 开拓号救援探测器原理样机 |
| 2012 | 北京市一等奖 | 黄舟,邓璐,朱子墨,陈经纬,董天舒 | 王党校,张兴华 | 多功能变形机器人 |
| 2012 | 北京市一等奖 | 张益鑫,刘日光 | 陈胜功 郝继峰 | 仿生智能企鹅 |
| 2012 | 北京市一等奖 | 周文元,赵恒斌,郑健,周军,谢谦文 | 于靖军,靳永卫 | 机械宠物水母 |
| 2012 | 北京市一等奖 | 孙光立,王泽睿,董一兵,程博,袁逸飞 | 靳桂萍,韩晓建 | 爬墙小车 |
| 2012 | 北京市二等奖 | 郭九源,戴腾 | 谭大为,张欣 | Espide@Home |
| 2012 | 北京市二等奖 | 白超平,田野,范基坪,武文博,陆小杰 | 张欣,陈胜功 | 基于单片机控制的翻转避障小车 |
| 2012 | 北京市二等奖 | 王嘉宇,化永朝,胡达达 | 王少萍,杨洋 | 家庭智能取书机器人 |
| 2012 | 北京市二等奖 | 乔野,李洋,李静琳 | 郝继峰,陈胜功 | 两足步行机器人 |
| 2012 | 北京市二等奖 | 尹业成,王翀 | 郭卫东,李晓利 | 实用爬梯小车 |
| 2012 | 北京市二等奖 | 李苗,刘腾达,宋智翔,王亦博,张驰 | 李晓利,靳永卫 | 双用轮滑鞋 |
| 2012 | 北京市二等奖 | 雷辛,刘亚丽,刘舒婷,陈明琦,石家宁 | 杨光,胡磊 | 穴位定位按摩床 |
| 2012 | 北京市二等奖 | 王冬,马岳轩,张益鑫 | 杨洋,何立新 | 移动式益智类玩具机器人 |
| 2012 | 北京市二等奖 | 张啸川,刘帅,王运洲,马天放,马骏骐 | 王卫林,闫立军 | 智力拼装玩具——机械螃蟹 |
| 2012 | 北京市三等奖 | 张洁,马沛 | 郭卫东,焦洪杰 | DIY空间收纳箱 |
| 2012 | 北京市三等奖 | 赵正,李俊男,张益鑫 | 范悦,李旭东 | 车载智能机器人 |

续表

| 获奖年份 | 获奖等级 | 获奖学生 | 指导教师 | 参赛作品名称 |
|---|---|---|---|---|
| 2012 | 北京市三等奖 | 师启军,刘宇,陈林飚,谭银炯 | 吴银锋,韩晓建 | 基于陀螺基本运动原理的四向窗户 |
| 2012 | 北京市三等奖 | 师启军,谭银炯,刘宇,陈林飚 | 吴银锋,李旭东 | 立体晾衣架系列 |
| 2012 | 北京市三等奖 | 马沛,张洁 | 郭卫东,焦洪杰 | 伸缩折叠衣架 |
| 2012 | 北京市三等奖 | 何天一,付建超,陈良杰 | 郭卫东,潘峰 | 新型家庭用擦窗器 |
| 2012 | 北京市三等奖 | 王亚可,张灿阳,樊超 | 张欣,李旭东 | 以全向轮可重构小车为载体的拉链式可升降云台 |
| 2012 | 国家级二等奖 | 孙光立,王泽睿,董一兵,袁逸飞,周文元 | 靳桂萍,韩晓建 | 爬墙小车 |
| 2014 | 北京市一等奖 | 李亨,周骋,张雪儿,雷寅,李嘉玮 | 史成坤 | 圆锥曲线绘图仪 |
| 2014 | 北京市二等奖 | 贾润田,向航,吴璟毅,张树柏,刘嘉伟 | 王卫林 | 模拟圆锥曲线轨迹生成的机构演示 |
| 2014 | 北京市三等奖 | 贺英杰,崔家浩,赵安俊,袁畅,孙汶慧 | 张欣 | 高选择度模块化连杆教具 |
| 2014 | 北京市三等奖 | 刘振涛,陈旭阳,郭倩,李一鸣 | 张欣 | 教室伸缩椅 |
| 2014 | 北京市三等奖 | 李坤妹,张丽品,杨本浩,路健行,曾冠文 | 郝继峰,孙英姣 | 折叠桌式椅 |

续表

| 获奖年份 | 获奖等级 | 获奖学生 | 指导教师 | 参赛作品名称 |
|---|---|---|---|---|
| 2014 | 北京市三等奖 | 贺智艺,刘远飞,张衡宇,郝冉,张永树 | 靳永卫 | 显示屏调节器 |
| 2014 | 北京市三等奖 | 张清源,赵子健,吴若乾,王天佑,许静 | 靳永卫 | 基于丝杠传动的角度可调节绘图桌 |
| 2014 | 北京市三等奖 | 李乐,张征,李伟喆,王赟,马越辰 | 孙英蛟,郝继峰 | 便携折叠丁字尺 |
| 2014 | 北京市三等奖 | 郝兆钧,程禹,刘质纯,陈熹,顾婉露 | 靳永卫 | 多媒体支架 |
| 2014 | 北京市三等奖 | 依然,赵越,周末 | 史成坤 | 多媒体讲台显示器角度调节装置 |
| 2014 | 北京市参赛奖 | 宫殿龙,彭博,张万旋,胡彦文 | 范悦 | 组合教具尺 |
| 2014 | 北京市参赛奖 | 侯一蕾,吴纪鹏,王璟玢,吕红红,张晗 | 靳永卫 | 多媒体升降台 |
| 2016 | 北京市二等奖 | 蒋黎明,隋天校,王敬开,赵朗,张丹丹 | 赵雷,张欣 | 应用于公交车站上的钱币分类计数机 |
| 2016 | 北京市二等奖 | 鲍新宇,薛景新,张焕知,夏一蕃,向绍平 | 郭卫东,陈胜功 | 纸币硬币分类一体机 |
| 2016 | 北京市二等奖 | 吴鹏,李萌,杨洁,饶波,陈浩 | 史成坤,韩晓建 | 基于离心叶轮的硬币分拣机 |
| 2016 | 北京市二等奖 | 杨洪恺,刘李雷,代潞,王安迪,杨尧 | 王卫林 | 硬币计数器 |
| 2016 | 北京市二等奖 | 郑宇铠,李子超,杨唯超,李辉,黄天迅 | 靳永卫,张欣 | 带有助力卸车和摆放功能的智能化传送装置 |

续表

| 获奖年份 | 获奖等级 | 获奖学生 | 指导教师 | 参赛作品名称 |
| --- | --- | --- | --- | --- |
| 2016 | 北京市二等奖 | 张丹丹,蒋黎明,隋天校,王敬开,赵朗 | 张欣,赵雷 | 基于离心式分离与轴流式整理的大流量硬币清分机 |
| 2016 | 北京市二等奖 | 伍涛,符宏南,陈谋,王铎,曲庆渝 | 王卫林 | 蓝牙搬运小车 |
| 2016 | 北京市二等奖 | 赵欣,曹宇堃,刘杰,李济民,朱宇轩 | 王卫林 | 基于麦克纳姆轮的全方位移动物流运载平台 |
| 2016 | 北京市三等奖 | 吴礼祥,王斌,华称祥,许鹏程,王冠州 | 刘雅静 | 滑道式硬币清分机 |
| 2018 | 北京市一等奖 | 张子菡,王杰凯,左督军 | 刘雅静,于靖军 | 多功能高效水果采摘器 |
| 2018 | 北京市二等奖 | 郑意凡,邓蕾,邓钫元,杨态欣 | 张欣,郭卫东 | 便携式水果采摘辅助机构 |
| 2018 | 北京市二等奖 | 侯睿,李梦宇,罗世福,陈蔚宸,黄楚思 | 郭卫东,张欣 | 滑道式立体自行车停车装置 |
| 2018 | 北京市二等奖 | 胡听春,梁婧瑜,李姝敏,徐嘉琪,陈冯丹 | 王卫林,于靖军 | 菠萝采摘器 |
| 2018 | 北京市二等奖 | 陆乘阳,陈科研,王鹏程,邓锋,刘宇 | 张欣,李旭东 | 辅助草莓采摘装置 |
| 2018 | 北京市二等奖 | 孙赫,谭龙,李地科,张钰栋,金睿雯 | 孙治博,陈胜功 | 水果采摘器 |
| 2018 | 北京市二等奖 | 张栋,魏震鸿,刘敬轩,朱凯云 | 闫立军,王卫林 | 水果摘取杆 |

续表

| 获奖年份 | 获奖等级 | 获奖学生 | 指导教师 | 参赛作品名称 |
|---|---|---|---|---|
| 2020 | 北京市一等奖 | 昌运鑫,彭谨哲,苏浩朋,苟粒凤,李子仪 | 史成坤,孙治博 | 多功能老年助力椅 |
| 2020 | 北京市一等奖 | 刘浩然,屈婉,范懿锋,张吉山,张一恒 | 王卫林,刘雅静 | "追光者"地下室采光系统 |
| 2020 | 北京市一等奖 | 罗淑晖,王潇扬,李明睿,陈翰,张乐康 | 刘冠阳,赵雷 | 地下车库排水阻水机构设计 |
| 2020 | 北京市二等奖 | 余昌博,徐沛洋,郑舒文,仵若玙,刁泉贺 | 孙治博,王娜 | 旋转智能衣柜 |
| 2020 | 北京市二等奖 | 李凯,王绅,余紫康,韩劢,罗赛 | 陈娇娇,刘雅静 | 自动洗鞋机 |
| 2020 | 北京市二等奖 | 刘春鹏,田成龚,邹瑜,徐拓,肖文颂 | 史成坤,赵雷 | 中老年人穿脱鞋辅助器 |
| 2020 | 北京市二等奖 | 王智辉,罗成龙 | 陈娇娇,刘雅静 | 一种辅助如厕拐杖 |
| 2020 | 北京市二等奖 | 蒋轩宇,郭瑜辉,张灏怡,王焕鑫 | 孙治博,陈娇娇 | 多功能助力拐椅 |
| 2020 | 国家级一等奖 | 昌运鑫,彭谨哲,苏浩朋,苟粒凤,李子仪 | 史成坤,孙治博 | 多功能老年助力椅 |
| 2020 | 国家级二等奖 | 刘浩然,屈婉,范懿锋,张吉山,张一恒 | 王卫林,刘雅静 | "追光者"地下室采光系统 |
| 2022 | 北京市一等奖 | 李从昱,李梦莹,丁悦,彭楚欣 | 孙治博,史成坤 | 草方格铺设车 |
| 2022 | 北京市一等奖 | 张严,韩世龙,赵杰宇,杜金涛,张奕凯 | 王卫林,刘雅静 | 仿生壁虎 |
| 2022 | 北京市一等奖 | 曹新顺,周泽健,张涵怡,许步越,朱杰 | 赵宏哲,郝继峰 | 仿生海扁虫机器人 |

续表

| 获奖年份 | 获奖等级 | 获奖学生 | 指导教师 | 参赛作品名称 |
|---|---|---|---|---|
| 2022 | 北京市一等奖 | 刘兆云,高泽洋,宋义安,张牧野 | 邓慧超,王虹霞 | 仿生双扑翼飞行器 |
| 2022 | 北京市一等奖 | 马克,张天然,王奕超,李东泽,吴允瀚 | 冯　林 | 仿生甲虫六足机器人 |
| 2022 | 北京市一等奖 | 方炯杰,崔云峰,胡秩彬,刘书含,马克 | 文力,李烨 | 仿生金枪鱼鱼小鳍 |
| 2022 | 北京市二等奖 | 杨春葳,林瑞,李正午,何雨卿,高宁 | 杨光,赵雷 | "墨小鱼"仿生乌贼 |
| 2022 | 北京市二等奖 | 韩世龙,张严,赵杰宇,陆淳源,施羽 | 刘雅静,王卫林 | 仿生蚂蚱 |
| 2022 | 北京市二等奖 | 张牧野,唐峰,高泽洋,宋义安,刘兆云 | 梁建宏,王娜 | 仿飞鱼跨介质航行器 |
| 2022 | 北京市二等奖 | 张文铎,赵龙,刘雅曦,林桐疏,臧一彤 | 孙治博,齐海涛 | 仿蚯蚓管道蠕动机器人 |
| 2022 | 北京市二等奖 | 李树果,杨闫博,乔昱,滕雨杉,梁健富 | 刘雅静,王卫林 | 仿生蹦跳蚂蚱 |
| 2022 | 北京市三等奖 | 苏祺乐,赵星宇,雷梓钊,康辉 | 孙治博,毕树生 | 仿生蝠鲼 |
| 2022 | 北京市三等奖 | 张锴文,李世迦,杜智源,黄晓荷,赵唯至 | 徐天彤,王虹霞 | 微型仿蜂鸟扑翼飞行器 |
| 2022 | 国家级一等奖 | 黄杰,王一可,魏浩宇,李华秋,姚鑫彤 | 陈娇娇,刘雅静 | 仿鲣鸟无人机 |
| 2022 | 国家级二等奖 | 陈品儒,李子琦,张敏琦,缪淞霖 | 孙治博,王一轩 | 仿寄居蟹变胞轮式机器人 |
| 2022 | 国家级二等奖 | 邢艺花,周诗晗,田雨,周元,依润飞 | 史成坤,齐海涛 | 水面漂浮垃圾回收机器人 |

续表

| 获奖年份 | 获奖等级 | 获奖学生 | 指导教师 | 参赛作品名称 |
|---|---|---|---|---|
| 2022 | 国家级三等奖 | 高文卓,梁钊玮,黄浩宇,谢晓勇 | 文力,史成坤 | 基于机械超材料的可搭顺风车的仿生机器鱼 |

### 4.2.3  机器人及人工智能大赛

| 获奖年份 | 获奖等级 | 获奖学生 | 指导教师 | 参赛作品名称 |
|---|---|---|---|---|
| 2021 | 北京市二等奖 | 刘翔,董懿辉,付卓远,陈思名 | 孙治博,齐海涛 | 全地形小车设计 |
| 2021 | 北京市二等奖 | 缪淞霖,段围,王梓潞,李佳洋 | 孙治博,史成坤 | 全地形小车设计 |
| 2021 | 北京市二等奖 | 张敏琦,陈鑫泉,宁策 | 孙治博,齐海涛 | 创新机器人 |
| 2021 | 国家级一等奖 | 缪淞霖,段围,王梓潞,李佳洋 | 孙治博,史成坤 | 全地形小车设计 |
| 2021 | 国家级三等奖 | 张敏琦,陈鑫泉,宁策 | 孙治博,齐海涛 | 创新机器人 |
| 2022 | 北京市二等奖 | 陈品儒,李子琦 | 李志珑,王一轩 | 创新机器人 |
| 2022 | 北京市二等奖 | 刘雅曦,林桐疏,赵龙 | 齐海涛,刘禹 | 创新机器人 |
| 2022 | 北京市二等奖 | 陆麒羽,王非同 | 孙治博,史成坤 | 全地形小车设计 |
| 2022 | 国家级二等奖 | 陈品儒,李子琦 | 李志珑,王一轩 | 创新机器人 |
| 2022 | 国家级三等奖 | 刘雅曦,林桐疏,赵龙 | 齐海涛,刘禹 | 创新机器人 |
| 2022 | 国家级优胜奖 | 陆麒羽,王非同 | 孙治博,史成坤 | 全地形小车设计 |

### 4.2.4  国际青年人工智能大赛

| 获奖年份 | 获奖等级 | 获奖学生 | 指导教师 | 参赛作品名称 |
|---|---|---|---|---|
| 2021 | 国际一等奖 | 缪淞霖,段围 | 孙治博,齐海涛 | 热网管道巡检智能机器人 |

### 4.2.5 "智新杯"人工智能大赛

| 获奖年份 | 获奖等级 | 获奖学生 | 指导教师 | 参赛作品名称 |
|---|---|---|---|---|
| 2021 | 国家级二等奖 | 缪淞霖,张敏琦,段围,陈鑫泉,宁策 | 齐海涛,孙治博 | 机器人创新实验室共享教学平台建设 |